# AI와 만난 스타트업

## AI문고

인공지능 시대입니다. 기계가 인간의 인지를 대신하고, 사물이 인간을 통하지 않고 다른 사물과 직접 커뮤니케이션합니다. 이에 따른 인간 삶과 문명 변화를 정확히 이해·예측·대응하는 것은 이 시대 우리 모두의 과제입니다. AI문고는 인공지능 기술과 환경의 여러 주제를 10가지 키워드로 정리합니다. 관련 개념과 이론, 학계와 산업계의 쟁점, 우리 일상의 변화를 다룹니다. 인간과 기술의 현재, 미래를 세심히 분석합니다.

## 일러두기

- 인명, 작품명, 저서명, 개념어 등은 한글과 함께 괄호 안에 해당 국가의 원어를 병기했습니다.
- 외래어 표기는 현행 어문규정의 외래어표기법을 따랐습니다.

처음이세요?

전문가세요?

# AI와 만난 스타트업

황정호

대한민국, 서울, 커뮤니케이션북스, 2025

# AI와 만난 스타트업

지은이 황정호
펴낸이 박영률

초판 1쇄 펴낸날 2025년 9월 19일

커뮤니케이션북스(주)
출판 등록 2007년 8월 17일 제313-2007-000166호
02880 서울시 성북구 성북로 5-11
전화(02) 7474 001, 팩스(02) 736 5047
commbooks@commbooks.com
www.commbooks.com



ISBN 979-11-430-0912-8 03500

책값은 뒤표지에 표시되어 있습니다.

# 차례

# AI는 기회인가

"사람처럼 말하거나 그림을 그려 주는 똑똑한 컴퓨터",
"과제 할 때 요약해 주거나, 이미지를 만들어 주는 똑똑한 프로그램",
"이메일 답장 같은 단순한 일을 대신해 주는 것?",
"예전엔 영화에서만 보던 기술",
"스마트폰에 있는 음성 비서나 자동 번역기?",
"사람 대신 일해 주는 앱 같은 것?"

인공지능, AI를 바라보는 일반인의 시선이다. 나이와 성별 상관없이 물었더니 이 같은 답변들이 나왔다. AI 기술에 지식이 없는 사람도 AI를 '도구'로 인지할 정도로 AI는 일상화됐다.

인공지능은 무엇인가? 한국전자통신연구원은 인공지능(AI, Artificial Intelligence)을 인지, 학습 등 인간의 지적 능력(지능)을 '컴퓨터를 이용해 구현하는 지능'으로 정의했다.

가장 오래된 정의로는 인간의 사고, 의사 결정, 문제

풀기, 학습 등의 활동에 연관시킬 수 있는 활동들의 자동화(강송희, 2020)라고 할 수 있다. 이러한 다양한 관점을 아울러, 인공지능이라고 하면 일반적으로 시각 인지, 음성 인식, 의사 결정 및 언어 번역 등 인간의 지능이 필요한 분야를 실행할 수 있는 이론 및 컴퓨터 시스템을 일컫는다. 최근 AI의 빠른 성장 동인은 모바일과 클라우드의 활용, GPGPU, 다양한 가속기를 포함한 컴퓨팅 성능 향상, 빅데이터 해석 과정의 지능화, 새로운 알고리즘의 발전으로 압축해 설명할 수 있다(강송희, 2020).

쉽게 말해, AI는 사람처럼 생각하고 배워 문제를 해결하거나 대화하는 등 지능적인 행동을 하는 기술인 셈이다.

## 챗GPT가 쏘아 올린 AI 생태계 변혁

'알파고' 시대만 하더라도 AI는 신기했다. 이후 '챗GPT'의 출현으로 AI는 혁신을 넘어 산업 구조를 재편하는 핵심 동력으로 부상했다. AI가 사회에 근본적인 변화를 가져올 것이라는 전망은 현실이 됐다.

자동차도, 스마트폰도 그랬다. 그들의 출현은 호기심을 동반했고, 우려와 기대가 교차하다가 일상에 스며들었다. 앨빈 토플러가 정보혁명을 '제3의 물결'이라고 했던가? AI가 가져온 혁명은 몇 차를 뛰어넘을 거대한 혁명이다.

마이크로소프트(MS)나 구글 등 글로벌 빅테크들이 조 단위의 막대한 투자금을 투입하는 이유가 무엇일까? 그들이 선점해야만 하는 '미래 먹거리'라고 판단한 것이다. 투자하는 만큼 기술은 고도화되고 있다. 다른 나라들도 위기감을 느끼고, '소버린 AI'를 외치며, 투자와 정책적 지원을 쏟고 있다. 프랑스에서 열린 'AI 행동 정상회의(AI Action Summit)'에서 "지속 가능하고 포용적인 AI 생태계를 만들자"를 핵심으로 한 선언문이 채택됐지만 미국과 영국은 빠졌다. 국가 간 경쟁도 치열해졌다.

## '총성 없는' AI 전쟁이 시작됐다

'소버린 AI'는 쉽게 말해 자주적인 AI다. 각국은 AI 주권 확보를 위해 대규모 투자를 단행하고 있다. 대표적인 나라가 프랑스다. 영국 데이터 분석업체 '토터스 미디어(Tortoise Media)'가 해마다 국가별 AI 경쟁력 지수를 발표한다. 2024년 지수에서 눈에 띄는 건 프랑스의 순위 변화다. 1위 미국, 2위 중국, 3위 싱가포르, 4위 영국, 5위 프랑스였다. 1위부터 4위까지는 전년과 순위가 같았고, 전년 13위였던 프랑스가 7계단이나 올라섰다. 프랑스 정부의 전폭적인 지지가 성과를 냈다. 프랑스 정부는 '오픈AI의 대항마'로 불리는 자국 스타트업 '미스트랄 AI'을 세계 시장에 적극적으로 홍보하고, 공공 데이터를 개방하는 등 아낌없이 지원했다. 억만장자 투자 등 민간의 적극적인 투자도 한몫했다. 한국지능정보사회진흥원은 프랑스의 급격한 순위 도약은 오픈 소스 AI 모델 개발 역량뿐만 아니라 슈퍼컴퓨팅 인프라 등 공공 지출이 뒷받침됐다고 평가했다.

한국은 어땠을까? 종합 6위였다. 주요 산업 부문에서 AI를 적용하고, 명확한 정부 전략을 보여 준 것이 좋은 평가를 받았다. 우리도 잰걸음으로 속도를 내고 있다. 이재명 정부가 들어서자, 'AI 3대 강국'을 목표로 성장 전략, 미래 과제를 담당할 AI 미래기획수석도 신설될 정도로 AI 관련 정책이 재편됐다. 장관과 차관 취임사에 'AI'가 빠지지 않고 등장했다. 코로나19 등으로 자금줄이 얼어붙는 겨울을 견뎠던 스타트업계에 창업과 투자의 기회가 열린다는 뜻이다. 실제, 기업들이 AI를 실용적으로 활용하는 빈도가 잦아지고 있다. 2025년 국내 스타트업을 포함한 한국 기업의 생성형 AI(Generative AI) 활용 실태에 대한 설문 조사 결과가 있다. 국내 C레벨 임원 80명을 대상으로 한 조사에 따르면, 응답 기업의 88%가 이미 내부 업무에 생성형 AI를 활용하고 있다고 답했다. 아직 도입하지 않은 기업 중 30%도 도입을 적극 검토 중이라고 한다. 사내 업무 효율뿐만 아니라 서커스 쇼가 아닌 서비스 수익화에 대해 고민하고 있다. 국내 통신 대기업들을 포함한 빅테크들이 AI 에이전트 서비스를 고도화하는 것도 이 때문이다.

올해 스페인 바르셀로나에서 열린 MWC(Mobile World Congress)를 취재했다. MWC는 세계이동통신사업자협회(GSMA)가 주관하는 전시회로, 독일 IFA와 미국 CES와 함께 세계 3대 IT 행사다. 초기에는 무선 통신 분야에 한정됐지만 해를 거듭할수록 AI나 증강현실(AR, Augmented Reality)/가상현실(VR, Virtual Reality), 사물인터넷(IoT, Internet of Things) 등으로 다양한 기술과 결합하고 있다. 올해는 'AI의, AI에 의한, AI를 위한' 장이었다. 눈에 띈 건 협업이었다. 국내 스타트업이 만든 로봇에 통신 대기업이 개발한 AI가 탑재돼 관람객들과 사진도 찍고 물도 나눠 줬다. 또 글로벌 통신 기업들이 특화된 AI 모델을 개발하려는 움직임도 본격화됐다.

AI 서비스 시장 선점을 놓고 경쟁이 치열해진 가운데 데이터나 기술력을 가진 기업 간 '따로' 또 '같이' 전략을 택한 것이다.

## AI 전쟁이 스타트업계에 기회인 이유

거대한 자본과 인프라가 갖춰진 대기업과 달리, 스타트업 업계는 AI를 바라보는 시각이 다를 수밖에 없다. AI 기술은 초기와 달리 추론형, 그러니까 자율적 의사 결정과 창의적 문제 해결 능력을 갖춘 형태로 발전하고 있다. 많은 시간과 고급 인력이 다수 투입돼야 했던 영역에서 효율적으로 일을 처리할 수 있게 됐다는 것만으로도 스타트업 업계에서는 환영할 일이다. 보고서 작성 등을 신속하게 처리하는 도구가 잇따라 생기고 있기 때문에 한 명이 무리 없이 운영할 수 있게 됐다.

실제, AI라는 시대적 기술의 흐름에 성공적으로 올라탄 스타트업의 선전은 부의 지도를 새로 만들었다. 《포브스》가 발표한 '2025년 세계 부호 순위'에서 AI 신흥 부호들을 따로 분석하기도 했다. 챗GPT의 운영사 '오픈AI' 출신 직원 7명이 만든 기업 '앤트로픽'의 성공으로 모두 억만장자가 됐고, '딥시크'도 빼놓을 수 없다. 공동 창업자 량원펑은 회사 수익과 별개로 보유 자산이 10억 달러를 초과한 것으로 추정됐다.

## 귀에 걸면 귀걸이, 코에 걸면 코걸이

AI는 카멜레온이다. 최대 강점은 산업별로 맞춤형 설루션을 제공할 수 있다는 점이다. 산업별 '사각지대'나 '니치 마켓'을 개척하는 사례들이 이어지고 있다. 사양 산업이라고 인식됐던 업계를 다시 살려 놓기도 한다. 동시에, 환각 등 윤리적 문제나 기술 복잡성이라는 큰 도전에 직면하고 있다. AI 보안이나 윤리 문제는 스타트업계가 진출할 수 있는 시장이 되고 있다.

다만 스타트업은 초기 자금 조달과 기술적 파트너십이 생존에 필수적이다. 빅테크들이 대규모 투자를 단행하고, 각국 정부가 정책을 만들어 지원하는 지금이 '골든 타임'이다. 투자자들에게 매력적인 사업 계획과 성장 가능성을 제시할 기회를 잡기 위해 정부 지원 프로그램 등을 적극 활용해야 한다.

AI 시대에 중요해지는 건 경쟁력이다. 연구 기관이나 대기업과의 파트너십을 통해 기술 검증과 시장 진입 장벽을 동시에 해결해 나가는 등 방법을 찾아야 한다.

필자는 전달자다. 전문가보다는 제한적인 영역에서 활동하고 단편적인 정보를 수집한다. 하지만 일반인보다 현장을 더 들여다보고, 어떻게 하면 더 쉬운 언어로 설명할 수 있을지를 고민해 왔다. 다행히 시대의 변곡점마다 관련 업계를 출입하면서 현장을 멀리서나마 겪었다. 2020년 '인공지능으로 시작하는 하루'라는 주제로 보도한 바 있다. 방에서 전등을 켜고 커튼을 닫는 것, 운전할 때 음성으로 지시하는 것, 챗봇으로 커피를 주문하고 주식도 AI에게 맡겨 봤다. 수년이 흐른 지금, 5년 전 취재차 경험했던 행위들은 더 고도화됐고, '챗GPT'를 위시한 다양한 대화형 AI가 일상화됐다. 다양한 산업계에서 AI를 활용한 서비스를 앞다퉈 내놓고 있다. AI를 탑재한 로봇들이 식당에서 음식을 나르는 건 익숙해졌고, 춤도 춘다. 우주 산업에도 AI가 쓰인다.

필자가 취재한 다양한 기업들과 현장에서 보고 느꼈던 AI의 발전 양상이 스타트업에 어떤 기회가 될지 현상의 본질을 탐구하고, 성공 사례와 전략을 통해 성장의 길을 모색해 보고자 한다.

### 참고문헌

강송희(2020.6.11). 인공지능의 혁신 특성과 한국 스타트업 사례연구. 소프트웨어정책연구소(SPRi), https://spri.kr/posts/view/22980?code=issue_reports&study_type=&board_type=&flg=1;252057;%5C

정지선(2024.12.31). [AI Report 2024-10] 글로벌 AI 가치 사슬 분석을 통한 AI 경쟁력 강화 제언. 한국지능정보사회진흥원(NIA), https://www.nia.or.kr/site/nia_kor/ex/bbs/View.do?cbIdx=82618&bcIdx=27612&parentSeq=27612

조현영(2025.6.26). 국내기업 C레벨 88% 업무에 AI 쓴다… 'AI, 생산성에 긍정적'. 연합뉴스, https://www.yna.co.kr/view/AKR20250626043151017

한국전자통신연구원 지능화융합연구소(2019.1). 인공지능. 《ETRI Insight 표준화동향》. https://ksp.etri.re.kr/ksp/plan-report/file/694.pdf

황정호(2020.1.6). AI, 기회인가? 위기인가?… '딥 러닝 아버지'의 경고. KBS, https://news.kbs.co.kr/news/pc/view/view.do?ncd=4357029

KDB 미래전략연구소(2024.11.25). Sovereign AI 동향 및 시사점, https://eiec.kdi.re.kr/policy/domesticView.do?ac=0000189955

Durotr, M.(2025.4.29). 2025 세계의 부자. 《포브스 코리아》, https://www.forbeskorea.co.kr/news/articleView.html?idxno=400061

Mostrous, A. et al.(2024.9.19). The global artificial intelligence index 2024. *Tortoisemedia,* https://www.tortoisemedia.com/2024/09/18/the-global-artificial-intelligence-index-2024

# 01
# 알파고와 챗GPT의 차이

이세돌 9단과 '알파고'의 대결은 '쇼크'였다. AI가 사람을 보조하는 도구에 머무르지 않고 사람을 능가할 수 있음을 보여 줬다. 당시 '알파고'가 보여 준 능력은 놀라웠지만, 그 이상의 비전을 보여 주지 못해 '찻잔 속의 태풍'이었다. 수년이 지난 뒤, 우리는 막강해진 AI와 만났다. '챗GPT'는 각국 산업의 방향을 틀어 버릴 정도로 파급력이 크다. 역사적인 두 AI의 차이는 무엇인가?

기후 위기와 인공지능???

## 인간과 AI의 대결

2016년, 세계의 관심이 서울의 한 호텔로 쏠렸다. 세계적인 바둑 기사 이세돌 9단과 구글 딥마인드의 인공지능 '알파고'의 대결이 펼쳐졌다. 바둑은 경기의 경우가 수가 많아 일반인이 범접하기 어려운 게임 영역이었고, 경기가 시작되기 전까지도 모두 이세돌 9단의 승리를 낙관했다. 결과는 반전이었다. 알파고가 4대 1로 이세돌을 꺾으며 세계에 충격을 줬다. 수를 읽어 1승이라도 거둔 이세돌 9단이 대단했다.

알파고는 갑자기 튀어나온 괴물이 아니다. 1996년 IBM의 딥 블루가 체스 세계 챔피언을 꺾었다. 슈퍼컴퓨터를 이용해 체스 경기의 수많은 경우의 수를 찾는 방식을 사용했다고 한다. 이후 2000년대에 들어 인터넷, 모바일의 비약적 성장으로 다량의 데이터 확보가 가능해지면서 신경망 기반 인공지능인 딥 러닝(Deep Learning)이 대두됐다. 2011년 IBM의 슈퍼컴퓨터 '왓슨'은 미국의 인기 퀴즈 쇼에 출연해 인간을 압도하는 성능을 보여 줬다. 2016년대 '알파고'도 이러한 딥 러닝 기술을 활용한 결과물이었다. 딥 러닝은 머신 러닝 알고리즘 중 인공 신경망의 한계를 극복하며 발전된 기술로, 여러 층으로 쌓인 인공 뉴런의 조합을 이용해 학습을 진행하는 모든 머신 러닝 기술들을 말한다. 알파고는 바둑의 기초를 배우고, 자신과 같은 AI를 상대로 반복적으로 대국을 벌이는 과정에서 그 신경망을 더욱 강화해 나갔던 것이다.

알파고가 보여 준 혁신은 AI가 계산기나 기계처럼 데이터를 처리하는 수준을 넘어 복잡한 경우의 수를 무한대로 처리할 수 있는 것을 입증해 냈다. 그러나 알파고는 특정 분야인 바둑에 특화돼 일상에서의 활용성은 제한적이었다. 알파고 이후, AI 관심은 시들해졌다.

알파고와 이세돌 9단의 대결은 '인간을 능가하는 AI'라는 흥미로운 화두를 던졌지만, AI가 인간의 삶을 어떻게 바꿀 수 있을지에 대한 청사진을 제시하지 못했다.

## 챗GPT, AI 시대를 열다

수년이 흐른 뒤, 혹한기를 견뎌 낸 AI가 출현했다. 오픈AI가 내놓은 챗GPT는 돌풍이었다. 금융업계에서도 앞다퉈 챗GPT를 분석하는 보고서를 낼 정도였다. 우리금융연구소는 챗GPT에 대해 차세대 챗봇 서비스이며, 단순히 정보를 전달해 주는 것을 넘어 사람과 대화하는 것과 유사한 수준의 의사소통이 가능하다고 평가했다. GPT-3를 기반으로 개발되었으며, 출시 5일 만에 사용자 100만 명을 돌파한 것으로 파악했다.

챗GPT(ChatGPT)는 Generative Pre-trained Transformer AI의 약자다. Generative AI(생성 AI)란 사람의 지시 없이 스스로 학습한 알고리즘으로 새로운 디지털 이미지, 영상, 음성, 텍스트 등을 만드는 AI 기술을 뜻한다. 주어진 데이터를 기반으로 지식을 쌓아 직접 다른 데이터를 예측해 스스로 학습한다.

오픈 AI는 2018년 자연어 처리 능력이 월등한 인공지능 GPT-1을 출시하면서 시장을 선도하기 시작했고, 챗GPT로 대박을 터트렸다. 많은 데이터 분석과 새로운 콘텐츠를 생성하는 능력이 독보적이다. 문장 간 패턴 등을 학습해 질문에 대한 정확한 답을 찾고, 새로운 콘텐츠로 만드는 것까지 가능하다. 다만 실시간 정보 검색이 어렵고, 답변의 신뢰성 등 한계가 있어 상용화하기엔 어렵다는 평가도 나왔다. 하지만 기술력은 모든 걱정을 비웃듯 성장했다. 검색 엔진 시장마저 생성형 AI 쪽으로 넘어갔다.

## 소년과 청년의 차이였다

그때는 안 됐고, 지금은 통했다. 차이가 뭘까? 한국전자통신연구원(2019)은 흥미로운 분석을 했다. AI를 인간 이상 자유로운 사고를 하는 수준에 따라 강함과 약함으로 구분한다고 한다. 강한 인공지능은 실제로 사고하거나 문제를 해결할 수 있으며, 자유의지를 가지고 진화를 거듭한다. 약한 인공지능은 인간처럼 사고할 수는 없어도 지능의 범위를 좁혀서 어떤 특정한 문제를 해결해 내는 인공지능을 뜻한다. 구글 딥마인드의 알파고, IBM의 왓슨이 이에 속한다. 소년과 청년의 차이다. 사람이 제도권 교육을 받으면서 경험하고 학습해 청년기에 사회에서 쓰이는 것처럼, AI도 마찬가지인 셈이다.

## 챗GPT가 모두의 친구가 된 비결

챗GT의 성공 비결은 정보 비대칭을 해소해 줬기 때문이다. 일반인이 쉽게 얻을 수 없는 법률이나 경제, 논문 등의 장벽이 무너졌다. 이용자가 질문하면 실시간으로 맥락에 맞는 답변을 제공하는 기능은 대중에게 큰 선물이었다. 챗GPT는 맥락을 이해해 사용자가 원하는 방식으로 전달해 준다. 기계가 사람과 맥락을 이해한 대화를 한다는 것은 상상할 수 없었던 일이다. 챗GPT는 AI를 단순히 도구가 아닌 지능적인 동반자로 자리 잡게 했다. 또 접근성도 높였다. 지인들의 카카오톡 프로필 사진이 지브리풍으로 바뀌었던 적이 있다. 챗GPT가 기획한 마케팅이 맞아 떨어진 것이다. 사람들의 니즈가 무엇인지 정확하게 파악하고 있다. 알파고와 챗GPT는 AI 기술 발전사에서 획을 그은 중요한 이정표임이 분명하다. 하지만 사회적 파급력은 달랐다.

## 제2의 '챗GPT', '딥시크'를 찾아라

챗GPT를 내놓은 '오픈AI'는 2015년쯤 설립됐다. 2018년쯤 GPT-1을 내놓았다. 결론부터 말하면, 오픈AI는 '스타트업' 하면 흔히 떠올리는 영세함과 거리가 멀다. 이름을 대면 알 만한 실리콘밸리의 유명 창업자들이 모여 막강한 자금을 투입해 만든 전략적인 기업이다. 딥시크도 중국 정부의 대대적인 정책과 막대한 투자에 힘입어 세계를 긴장시켰다.

출발선이 달랐으니 우린 '제2의, 제3의 챗GPT를 만들 수 없다'고 단념하긴 이르다. 챗GPT가 성공한 건 물론 고도화된 기술력이 전제됐지만 '킬링 콘텐츠'를 기획했기 때문이다. 자본과 인프라가 절대적으로 열세한 스타트업은 시장에서 해결해야 하는 문제를 정확하게 찾고, 서비스를 구체화해야 한다.

또 챗GPT는 사용자 경험을 최우선으로 고려했다. 상호작용을 통해 실질적인 편의를 제공했다. 이처럼, 사용자 피드백을 적극적으로 살피고, 고객 중심 서비스를 제공해야 한다.

AI 기술의 성장 속도는 하루가 다르게 빨라지고 있다. 초기에 제품을 내놓고, 시장 반응을 빠르게 파악하고, 계속 개선해 나가야 한다. 연구 개발은 결국 돈 문제인데, 투자처를 찾는 것과 동시에 정부 정책이나 언론 등을 적극적으로 활용해야 한다. 알파고와 챗GPT의 차이는 AI 스타트업의 참고해야 할 성공 공식이다. 세기의 대결을 치렀던 이세돌 9단도 AI는 직관이나 통찰, 창의력이 없어 우리만의 강점으로 AI와 협업해야 한다고 자평했다. 스타트업은 기술력을 넘어 아이디어로 차별화된 위치를 확보하고 대중화를 끌어내야 한다.

### 참고문헌

김수진·김규연(2023.1.13). ChatGPT가 쏘아올린 AI란 거대한 공: GenerativeAI시대. 미래에셋증권 리서치센터. *Global Industry Analysis*, https://securities.miraeasset.com/bbs/maildownload/20230105114806613_154

박건희(2025.4.11). AI에 이겼던 '전설' 이세돌, UNIST 강단 섰다… '인간 살아남을 방법은'. 머니투데이, https://news.mt.co.kr/mtview.php?no=2025041113062884469

이새롬(2023.2.8). 차세대 챗봇서비스 ChatGPT의 주요 특징과 시사점. 우리금융경영연구소,

https://www.wfri.re.kr/ko/web/research_report/research_report.php?idx=1080&page_type=view&mode=view
임지선(2024.6.20). 올트먼 축출 오픈AI 공동창업자, 새 AI업체 설립… '이윤'보다 '안전'. 《한겨레》, https://www.hani.co.kr/arti/economy/economy_general/1145687.html
중소벤처기업부(2025.2.27). 혁신 인공지능(AI) 창업기업(스타트업), 세계적(글로벌) 대기업과 함께 초격차 이끈다. https://www.bizinfo.go.kr/web/lay1/bbs/S1T157C158/AU/112/view.do;jsessionid=N1oU2XgLvlt2b1oTaT6K9sWsoZxYls0W1gpYInv0NeWJRNHGvKpa1fyBXVp3L6av.ims_bizwas2_servlet_engine1?article_seq=83773
한국전자통신연구원 지능화융합연구소(2019.1). 인공지능. 《ETRI Insight 표준화동향》. https://ksp.etri.re.kr/ksp/plan-report/file/694.pdf
한국전자통신연구원 지능화융합연구소(2020.2). ETRI 인공지능(AI) 실행전략. 《ETRI Insight 표준화동향》, https://ksp.etri.re.kr/ksp/plan-report/file/835.pdf
황정호(2023.12.1). 챗GPT 1년… 생활 속 스며든 '생성형 AI'. KBS, https://www.youtube.com/watch?v=O74pZwn9epk
Belcic, I. & Stryker, C.(2024.9.18). GPT란 무엇인가요?. *IBM*, https://www.ibm.com/kr-ko/think/topics/gpt

# 02
# 빛과 그림자의 시장

진짜 같은 가짜, '딥페이크'가 세계적인 문제다. 딥페이크는 AI를 이용해 이미지나 음성 등을 만드는 기술로 교육이나 의료, 게임 산업에 적극 활용되고 있다. 그러나 국내뿐만 아니라 선거 등 대형 이벤트마다 딥페이크를 이용한 가짜 뉴스, 지인의 목소리를 위조한 보이스피싱, 음란물까지 생성해 인권을 유린한다. 기술이 낳은 선과 악이 충돌하는 모순적인 시대에서 AI가 어떤 가치를 만들 수 있을지 모색한다.

노래하는 AI 보컬?

## 갈래머리 대통령이 춤추는 시대

2025년 2월, 프랑스 대통령의 공식 사회관계망서비스(SNS) 계정에 올라온 짧은 영상 하나가 세계를 들썩이게 했다. 영상 속에서 마크롱 대통령은 뮤직비디오의 주인공이 되었다가 인기 여성 유튜버로 변신해 갈래머리 스타일링을 선보이고, 프랑스판 007의 주인공에서부터 미국 드라마 〈맥가이버〉 주인공에 이르기까지 자유자재로 얼굴을 바꾼다. 댓글이 폭발적으로 달렸고, 인스타그램에서만 조회 수 4백만 회가 넘은 것으로 기록됐다.

이 영상은 파리에서 열린 'AI 행동 정상회의' 홍보를 위해 제작된 딥페이크 영상이다. 그 파장은 단순한 이벤트를 넘어섰다. 대통령이 직접 자신의 얼굴을 딥페이크로 가공해 공개했다는 점, 그리고 그 결과물이 실제와 거의 구분이 불가능할 정도로 정교했다는 점에서, 우리는 지금 '현실'과 '가상'의 경계가 무너지는 시대에 살고 있음을 실감하게 된다.

## 가짜와 진짜의 대결로 정교해진다

딥페이크의 본질은 '딥 러닝' 기반의 생성적 적대 신경망(GAN, Generative Adversarial Network)에 있다. GAN은 두 개의 신경망이 서로 경쟁하며, 한쪽은 생성자 역할을 맡아 가짜 이미지를 만들고, 다른 한쪽은 판별자 역할로 진짜와 가짜를 구분한다. 이 경쟁이 반복될수록 생성자는 점점 더 정교한 이미지를 만들어 낸다. 마크롱 대통령의 영상도 이 기술의 집약체다. 얼굴의 미세한 표정이나 피부 질감, 머리카락의 움직임, 빛의 반사까지 정교하게 합성돼 실제와 구분이 거의 불가능하다. 이 기술은 이미지를 바꾸는 데 국한되지 않는다. 음성 합성, 제스처 모방, 사망한 인물의 디지털 부활도 가능하다.

실시간 딥페이크도 상용화 단계에 진입했다. 중국의 한 예능 프로그램에서 딥페이크를 이용해 출연자가 실시간으로 얼굴을 바꾸고 영상 통화를 걸자 상대방은 눈치채지 못했다. 뒤늦게 알아챘고, 놀라워했다.

딥페이크는 산업 전반에 효율을 가져왔다. 촬영 비용과 모델료 절감, 빠른 콘텐츠 생산, 맞춤형 광고 제작 등 실질적 이점을 가져온다. 교육 분야에서는 역사적 인물이나 예술가를 디지털로 '부활'시켜 학습 효과와 몰입도를 극대화하고, VR과 결합해 세상을 떠난 가족을 가상현실에서 만나거나 독립운동가들의 어린 시절을 재현하는 감동적인 사례도 등장했다. 엔터테인먼트 산업에서는 배우의 일정이나 건강에 구애받지 않고, 언제든지 원하는 나이와 모습으로 재현할 수 있다.

딥페이크 산업은 수요가 급증하면서 빠르게 성장 중이다. 2024년 글로벌 딥페이크 기술 시장 규모는 약 75억 5천만 달러에 달했으며, 2032년에는 345억 달러를 넘어설 것으로 전망된다. 연평균 22~25%의 폭발적 성장률이 예측된다. 딥페이크는 이제 '정지된 영상'이 아니라 '움직이는 현실'로 진화했다.

## 뚫고 막는 창과 방패의 싸움

현실이 되자, 딥페이크의 부작용은 일시적 혼란 정도를 넘어섰다. 범죄에 악용됐고, 사회 문제로 번졌다. 중국에서는 딥페이크가 빈번하게 범죄에 악용되고 있다. 딥페이크로 만든 사장의 얼굴로 부하 직원에게 영상 통화를 걸어 거액을 요구하는 수법이 대표적이다. 중국 당국이 2024년 특별 단속까지 나서 5백 명이 넘는 딥페이크 사기범들을 잡았다고 한다. 중국은 안면 인식으로 출입하거나 앱을 결제하는 경우가 많은데, 타인의 안면 인증을 악용하는 신종 수법의 범죄까지 급증했다고 한다. 딥페이크 사기가 늘어나면서 중국 사회의 불안감도 커지고 있다.

국내도 마찬가지다. 딸의 번호로 전화가 왔는데 흐느끼면서 납치됐다며 돈을 보내 달라고 한다면? 상상만 해도 애가 탄다. 수년 전부터 금융 사기단의 이런 악질 수법이 진화하고 있다. 음성을 나이나 성별을 고려해 AI로 변조하거나 흉내 낸다. 역설적이게도 AI가 낳은 부작용을 AI가 잡아내고 있다. 국내 한 통신사는 지인의 진짜 목소리인지 구별해 내는 기술을 개발했다. 필자도 취재차 체험을 했다. 위급 상황이면 목소리 톤이 올라가고 얼굴 근육이 일그러지는 탓에 나이대만 비슷하면 목소리가 비슷하게 들리는데, 정확하게 잡아냈다. 원리는 간단했다. 가족이나 지인의 목소리의 특징을 AI에 학습시키면 AI가 판별한다. AI가 사람의 다양한 감정, 목소리 패턴 등을 학습해 파악하는 것이다.

음성뿐만 아니라 영상을 탐지하는 기술도 개발 중이다. 필자의 얼굴과 비슷하게 딥페이크로 만들었지만 1분도 안 돼 딥페이크임을 확인했다. 몸을 움직이거나 손으로 얼굴을 가려도 딥페이크 영상임을 확인해 줬다. 대량의 영상 데이터를 AI에 학습시켜 개발했는데, 미세한 오류까지 잡아내도록 고도화했다.

문자 메시지에 포함된 인터넷 주소를 누르는 순간, 개인정보가 탈취되는 '스미싱 범죄'는 대표적인 피싱 범죄다. 미디어 등을 통해 너무 익숙하지만 한번 당하면 개인 정보와 계좌 탈취로 큰 피해를 본다. 부고 문자 등으로 위장한 스미싱 범죄가 늘고 있는데, AI를 활용하면 바로 확인할 수 있다. 이 같은 기술을 개발해 상용화한 스타트업들이 나오고 있다. AI가 악성 코드가 있는 문자나 인터넷 주소 유형을 학습한 뒤 구분해 준다. 주로 이용자는 앱을 설치하면 이 같은 서비스를 받을 수 있고, 금융 기관 등과도 협업해 이 서비스에서 피싱에 감염되거나 공격받았다고 의심되면 이용자의 정보 등을 공유해 2차 피해를 막기도 한다.

글로벌 피싱 방지(Phishing Protection) 시장은 2024년 약 2억 1,800만 달러 규모로 평가됐고, 2032년에는 약 57억 9,000만 달러에 이를 것으로 전망된다. 2026년부터 2032년까지 연평균 12% 정도 성장이 예측된다. AI를 활용한 피싱 공격이 정교화될수록 AI 탐지 설루션 수요도 많아진다. 딥페이크와 피싱 방지 시장의 팽창은 '위험'과 '기회'라는 두 얼굴의 신호탄이다. 모든 것이 의심받는 시대, 미래의 표준을 선점할 수 있다.

### 참고문헌

김민정(2024.2.11). 누군가 내 얼굴로 결제를?: 중국, '딥페이크 사기' 비상. KBS, https://news.kbs.co.kr/news/pc/view/view.do?ncd=7887757

황정호(2024.2.7). '끌려왔어'·부고 문자… 교묘해져도 잡는다!. KBS, https://www.youtube.com/watch?v=Bs9osWfBXcY

황정호(2024.2.8). 설 연휴 노리는 피싱범죄… AI로 잡는다고? [취재후][탈탈털털]. KBS, https://news.kbs.co.kr/news/pc/view/view.do?ncd=7886022

황정호(2024.3.25). 뛰는 AI 위 나는 AI… '딥페이크'도 인공지능이 잡는다. KBS, https://news.kbs.co.kr/news/pc/view/view.do?ncd=7921413

황정호(2025.6.29). 진화하는 보이스피싱… '더 정교해진' AI가 막는다. KBS, https://news.kbs.co.kr/news/pc/view/view.do?ncd=8290518

Amazon Web Services(2024). GAN이란 무엇인가요?. https://aws.amazon.com/what-is/gan/

Fortune Business Insights(2025.7.21). Deepfake 기술 시장 규모, 공유 및 산업 분석, 구성 요소 (소프트웨어 및 서비스), 최종 사용자 (정부 조직, 미디어 및 엔터테인먼트, 소매 및 전자 상거래, 법률 및 기타) 및 지역 예측, 2025-2032. https://www.fortunebusinessinsights.com/ko/deepfake-technology-market-109936

Verified Market Research(2025.2). 피싱 보호 시장 규모 및 예측. https://www.verifiedmarketresearch.com/ko/product/phishing-protection-market/

## 03
# AI가 되살린 꺼진 불

추억 속 VR와 메타버스가 다시 주목받고 있다. 이용자가 안경을 쓰고 손발을 허우적대며 만나는 가상현실은 한 번쯤 해보면 재밌는 놀이 정도로 치부됐다. Z세대의 새로운 디지털 경험에 대한 수요와 AI 등 첨단 기술에 힘입어 산업 방향이 바뀌고 있다. 교육이나 헬스케어, 엔터테인먼트 등 다양한 분야에서 새로운 비즈니스 모델을 창출하고 있다. 이 흐름에 주목해야 한다.

인공지능과 편향?

## 포켓몬을 잡아라

2016년, 전 세계 사람들이 포켓몬을 잡는 진풍경이 펼쳐졌다. '포켓몬 고(GO)'는 지도에 기반한 위치 기반 게임에 닌텐도의 '포켓몬'과 증강현실(AR, Augmented Reality) 기능을 가미한 모바일 게임이다. 특정 장소를 방문하면 포켓몬을 얻는 단순한 방식인데, 흥행했다. 국내에서는 정식 출시 전 속초에서 게임이 가능하다는 소식에 여행을 가는 사람들이 나오기도 할 정도였다.

'포켓몬 고'는 VR(Virtual Reality, 가상현실)은 아니고 AR 게임이다. AR은 현실 세계에 가상의 정보나 이미지를 겹쳐 보여 주는 기술이다. 스마트폰이나 안경 같은 기기를 통해 내가 실제로 보고 있는 풍경이나 공간 위에 가상의 이미지나 글씨 같은 정보가 실시간으로 합쳐져 보인다. 실제 거리나 공원에 스마트폰을 비추면 화면 속에 포켓몬 캐릭터가 나타나서 마치 현실에 있는 것처럼 보이는 셈이다. AR은 현실과 가상을 섞어서, 현실을 더 재미있고 편리하게 만들어 주는 기술이다. 이 게임은 현실과 가상의 융합 경험을 대중화한 상징적 사건으로, VR · AR 시장 전체에 폭발적 관심을 불러일으켰다. 그러나 반복적이고 단순한 게임 구조는 새로운 즐길 거리를 제공하긴 부족했고, 이용자들의 기대를 충족하지 못했다. 증강현실 게임이 성공하려면 지속적인 콘텐츠 공급과 사용자 경험의 혁신이 필수라는 교훈을 남겼다. VR도 비슷하지만, 가상 세계에서 새로운 환경을 경험하는 게 핵심이다. VR 헤드셋을 착용하면, 사용자는 실제 환경과 단절된 채 컴퓨터로 생성된 3차원 가상공간을 경험하게 된다. 가상현실 게임, 가상 여행, 시뮬레이션 훈련 등이 대표적이다. 시간과 공간을 뛰어넘는다.

제4차 산업혁명 시대에 신산업을 위한 성장 동력으로 키워야 할 기술 분야로 가상현실과 증강현실이 새롭게 주목받고 있다. 인간의 오감을 자극하면서 현장감, 몰입감 등을 극대화하는 이 기술이 미래에 막대한 가치를 부여할 수 있는 중요한 수단이기 때문이다. 그러나 '포켓몬고'의 인기가 식어 가면서 비싼 장비와 콘텐츠 부족, 활용도 한계 등으로 대중의 관심에서 멀어져 갔다.

## AI가 살린 '꺼진 불'

MWC에 취재 갔을 때 메타가 만든 스마트 안경을 체험해 봤다. 스마트 안경을 쓰면 외국어 메뉴판도 읽을 수 있었다. 스페인어로 돼 있는 메뉴판을 보면서 번역해 달라고 했더니 카메라가 메뉴판을 인식한 뒤 AI가 바로 답을 해 줬다. 네트워크 내 AI는 물론, 여러 AI 기능, 특히 생성형 AI 기능을 통해 네트워크를 최적화해 실시간 대화가 가능하다고 업체 측은 설명했다. 패션 안경이다 보니 착용하는 데 불편함이 없고 가벼웠다. 실제 판매 제품이었다.

이렇게, 최근 생성형 AI와 대규모 AI 모델의 등장은 VR과 메타버스 시장에 새로운 활력을 불어넣고 있다. 기술적 한계와 콘텐츠 부족, 이 두 가지를 모두 해결할 수 있다는 가능성이 커졌다. 2023년 이후 메타버스 XR(VR · AR 포함한 확장현실) 산업은 생성형 AI와 대규모 AI 모델, 기술 인프라의 고도화라는 축을 중심으로 전환기를 맞이하고 있다. AI 등 첨단 기술의 발전과 사회 변화에 힘입어 가상 산업 등이 성장 중이다. 몰입형 경험에 대한 수요 증가로 교육, 엔터테인먼트, 제조 등 다양한 분야에서 메타버스 서비스 등도 늘어나고 있다.

가상현실을 이용해 실습 서비스를 출시한 스타트업을 취재할 때였다. 필자가 가상현실 안경을 착용하고 노트북과 연결된 TV 앞에 섰더니 수술대가 나왔다. 해부 실습 촬영 데이터를 가상현실로 구현한 건데, 손에 쥔 장비를 통해 해부 과정에서 촉감까지 느낄 수 있었다. 가상의 실험실에서 동물의 복부 절개나 장기 적출까지 가능했다. 병원 등과 협력해 교육용으로 사용될 예정이라고 업체 측은 설명했다. 또 병원에서도 한 스타트업과 협업해 재활 치료에도 VR이 사용되고 있었다. 기기를 쓰면 가상의 전문가가 눈앞에 나타나 동작을 알려 준다. 가상의 전문가를 따라 하기만 하면, 40가지 정도 재활 동작을 혼자서도 할 수 있다. 의료 분야에서 가상현실을 접목하면 비용은 줄이고, 특히 안전성을 높일 수 있어 성장 잠재력이 큰 것으로 평가된다. 의대생을 상대로 한 해부학 실습도 가상현실에서 진행하기도 한다. AI를 활용해 대량의 데이터를 분석해 효율성이 극대화됐다. 3차원 공간 데이터를 압축해서 재생했을 때, 계속 재현해서 볼 수 있으니까 학업 능력이 올라간다는 평가가 나왔다.

## 디지털 시장 부흥기가 오나

개인이 한 번쯤 경험할 만한 신기한 놀거리 정도로 치부하기엔 산업적 전망이 뚜렷하다. 소프트웨어정책연구소(남현숙 외, 2024)는 산업별 메타버스 시장의 성장 전망을 구체적으로 제시한다. 교육 분야나 소셜 미디어·엔터테인먼트 분야도 해마다 30% 이상 성장할 것으로 분석했다. 활용 범위가 넓어지는 배경에는 스마트폰 등 디지털에 익숙한 젊은 세대의 새로운 디지털 경험에 대한 수요 등과도 맞물린 것도 크다. 국내외 메타버스 주요 기업들이 XR 기기 공개, 메타버스와 생성 AI의 융합, 산업 메타버스 추진 등 미래 시장 선도를 위한 투자를 지속하고 있다. VR · AR 기술이 몰입형 훈련, 원격 협업, 디지털 트윈, 시뮬레이션, 전문 직업 교육 등이 실제 도입되고 있다. 국내 한 통신사는 VR을 이용해 온라인에서 실제와 같은 공간을 만들어 안내하는 서비스를 시작했다. 기존엔 사람이 일일이 공간을 촬영한 뒤 만들어 내야 했지만, AI가 일일이 분석하고 공간을 만들어 내 실제 같은 소개 영상이 하루도 안 돼 만들어졌다.

정부도 정책적으로 육성하고 있다. 「가상융합산업 진흥법」을 제정해 산업 생태계 조성을 위해 적극적인 지원을 하고 있다. 한국과학기술기획평가원(KISTEP) 보고서 등에 따르면 스타티스타(Statista) 등 글로벌 시장 조사 기관에서도 2030년 메타버스 시장 규모를 4,900억 달러로 전망하고 있다고 설명했다. 특히, 한국은 높은 인터넷 보급률, 스마트폰 사용률, 디지털 혁신에 대한 강한 관심 등으로 세계 7위의 메타버스 연구 선진국으로 평가받고 있다.

그러나 메타버스 · XR 산업의 부흥기라고 보긴 아직 이르다. 범용 단계로 나아가려면 콘텐츠 다양성 확보, 고성능 기기의 경량화 등이 성장의 필수 요건이다. 중요한 건, AI 등과 맞물려 '디지털 공간 경제'라는 새로운 산업 패러다임을 만들어 가고 있다는 점이다. AI가 되살린 이 산업의 불씨가 새로운 생태계를 조성하고 있는 지금, 스타트업계는 눈여겨봐야 한다.

## 참고문헌


남현숙 외(2023.12). 2023년 메타버스 시장 및 동향 분석. 소프트웨어정책연구소(SPRi). 연구보고서 RE-176, https://spri.kr/posts/view/23727?code=research

양병석 외(2016.7.26). 포켓몬GO의 성공요인과 파급효과. 소프트웨어정책연구소(SPRi). 《이슈 리포트》, https://spri.kr/posts/view/18375?code=data_all&study_type=issue_reports

원태영(2017.3.21). 시들해진 포켓몬 고, 원인은 콘텐츠 부족. 시사저널e, https://www.sisajournal-e.com/news/articleView.html?idxno=166338

홍진우(2017). 가상현실(VR)과 증강현실(AR)에 대한 고찰 및 제언. 《한국정보통신학회지》, 18(1), 36-42쪽, https://scienceon.kisti.re.kr/srch/selectPORSrchArticle.do?cn=JAKO201724655833463

황정호(2024.11.19). 재활에 해부까지… 의료에 입힌 가상현실. KBS, https://news.kbs.co.kr/news/pc/view/view.do?ncd=8109839

## 04
## 주먹구구 시장에 주목

전화 교환원은 도시를 잇는 통로였다. 연결의 기술은 다름 아닌 인간의 노동이었고, 자동 교환기가 등장했을 때만 해도 '설마 대체되겠어'라는 인식이 팽배했다. 기술의 변화는 늘 조용하지만 단호하게 찾아온다. AI가 등장하면서 전통적으로 사람이 담당해 온 익숙함은 빠르게 사라지고 있고, 그 자리에 AI 효율과 디지털로 점철된 새로운 시장이 들어서고 있다. 우리는 무엇을 준비해야 하는가.

청각장애인과 AI?

## 기술이 바꾸는 일상 풍경

2010년대 초, 치킨이나 짜장면이 먹고 싶다면 전화번호부를 뒤적이거나 전단지를 뒤적여야 했다. 스마트폰의 대중화 등 변화 바람을 타고 '배달의민족'이 등장했다. 배달 시장이 디지털 플랫폼 시장으로 전환됐다. 음식점, 소비자, 배달원이 하나의 앱 안에서 연결됐다. AI나 알고리즘이 도입되면서 더 편리한 서비스가 제공됐다. 배달의민족은 2010년 6월 서비스를 시작해, 불과 10여 년 만에 배달 시장의 표준이 됐다.

역사를 돌이켜봐도 기술의 발전에 따라 우리의 일상은 재편돼 왔다. 20세기 초, 마차가 점령한 도시의 거리는 말발굽 소리와 먼지로 가득했다. 영원할 것 같았던 이 시대는 '기술'로 빠르게 사라졌다. 다만, 새로운 탈것은 부유층이 가질 수 있는 비싼 장난감에 불과했으나, 1900년대 초 대량 생산이 가능해지면서 판이 바뀌었다. 자동차는 부자의 전유물이 아닌 대중적인 교통수단이 됐다. 교통수단의 변화에만 그치지 않았다. 자동차의 등장은 정비, 연료 공급, 도시 인프라 등 산업 전반을 바꿨다. 마차 제조업체와 마부, 말 사육업자 같은 산업은 쇠퇴했고, 자동차 부품과 정비, 주유소, 운전 교육 등 새로운 산업이 폭발적으로 성장했다. 수백 년간 당연하게 이어져 온 방식이 데이터와 기계, 대량 생산 등으로 완벽하게 대체됐다. AI는 자동차 혁명에 버금가는 변혁이다.

## AI가 시장의 판을 흔든다

가장 먼저 변화의 직격탄을 맞은 곳은 콜센터다. 많게는 상담원 수백 명이 상담 매뉴얼을 보며 전화 응대를 했지만, 현재는 어떤가. AI 챗봇과 음성 인식 시스템이 24시간 응대한다. 초기 AI 챗봇은 사용자의 의도나 맥락을 읽지 못해 엉뚱한 답변을 했다. 당시에는 AI는 사람처럼 고객의 요구를 정확하게 파악하거나 긴급 상황 등을 구분하지는 못할 것이라고 생각했다. AI 자연어 처리와 딥 러닝 기술이 발전하면서 챗봇과 자연스러운 대화가 가능해지고 있다. 챗봇이 고객으로부터 받은 상담 데이터는 자동 분석돼 업무 효율성도 높인다. 실제, 한 금융사 콜센터에서는 AI 자동화 도입으로 대규모 인력이 감축이 진행되자 상담원들이 강하게 반발하기도 했다. 은행 측은 AI 상담 서비스 도입으로 콜센터 이용자 수가 지난해보다 20% 정도 줄어 감축이 불가피했다고 설명하기도 했다. 실제, 정부가 2019년 발표한 '인공지능 국가전략'에서도 노동 시간의 27%가 자동화될 것으로 전망했다. 이 용역을 진행한 컨설팅 회사의 보고서를 입수해 보도

한 적이 있다. 국내 전체 업무량의 27%가 지능화 기술로 대체될 수 있고, 이는 일자리 700만 개에 해당하는 규모라고 설명했다. 인쇄나 기계, 음식 서비스, 운송, 회계 등 제조업이나 서비스업에서 50% 정도는 자동화될 것으로 예측했다. 요즘, 로봇 팔이 배식하거나 공장에서 부품을 조립하는 건 놀랄 일도 아니다. 절망할 필요는 없다. 마부가 사라지고 자동차 정비소가 생기듯, AI로 디지털 일자리 730만 개가 생길 것으로 예측했다. 다만 효율적인 전환이 되지 않으면 경제적으로 큰 충격을 가져온다고 경고했다.

## 경험과 감의 시대가 저문다

음식 배달이나 콜센터, 제조업, 금융, 법률 등 전통적으로 경험에 의존하던 영역이 달라지고 있다. 변호사 출신이 만든 스타트업은 AI가 법률 비서 역할을 한다. AI가 법률 용어 등으로 복잡한 계약서 내용을 쉽게 요약해 준다. 실무자가 확인해야 할 여러 가지 항목들이 있을 때, 이미 학습한 AI가 정확하게 처리해 실수를 줄여 준다고 업체 측은 설명했다. 사소한 실수를 줄여 서비스 품질을 높인다는 게 목표였다.

KBS가 만든 AI 영상 편집 기술은 K-팝 팬들 사이에서 유명하다. 방송은 전체 무대를 촬영하지만, 멤버 한 명 한 명의 동작과 표정을 생생하고 빠르게 잡아내 이른바 '직캠' 영상이 팬들 사이에서 인기다. AI가 행동 패턴 등을 학습해 개인별 영상 편집이 예전과 비교할 수 없을 정도로 빨라졌다. '직캠' 영상 제작 시간도 1시간에서 10분으로 줄었다고 담당 부서는 설명했다.

과거에는 경험에 기댔지만, 미래 시장은 AI와 정확한 데이터로 움직인다. 챗GPT의 등장 이후, 속도는 더 빨라지고 있다. 산업 간 경계도 허물어지고 있다. 세계 AI 시장은 2022년부터 2027년까지 연평균 36.2%의 성장률을 기록할 것이라는 전망이 나온다.

AI가 가져다준 정확성과 효율화는 기업 성장의 핵심 요소로 자리 잡았다. 시장과 고객이 원하는 것은 무엇인가? 데이터 기반의 투명한 의사 결정과 예측을 원한다. AI가 반복적이고 단순한 업무를 가져가 효율적인 업무 분담으로 인력과 자원의 배분이 최적화되기를 희망한다.

스타트업계는 넓은 바다에서 무엇을 건져 올릴 것인가? 농업, 엔터테인먼트 등 다양한 업계의 변화를 꼼꼼하게 살펴야 한다. 이때 떠올려야 할 것이 '버티컬 AI'다. 범용 AI와는 궤를 달리한다. 의료, 자동차, 제조, 금융 등 특정 산업의 요구에 맞춰 설계된 AI 설루션을 주로 일컫는다.

AI 기술력에만 매몰되지 말고, 본인이 활용하려는 AI 기술로 진출할 수 있는 시장을 찾아야 한다. 그리고 현재 시장의 문제를 정확하게 포착해야 한다. 감에 의존하는 시장이라면 비효율과 정보 비대칭, 신뢰의 부재 등이 여전히 문제다. 실용적 통찰력이 필요한 시대다.

## 참고문헌

고기완(2021.3.15). '탈 것'의 진화… 마차에서 내연기관차, 전기차, 수소차로, 《한국경제》, https://www.hankyung.com/article/2021031256171

곽동화(2023.12.13). AI에 내몰린 상담원… 대량해고 현실화. KBS, https://news.kbs.co.kr/news/pc/view/view.do?ncd=7840467

안성원 외(2025.4.15). AI Index 2025 주요내용 및 시사점. 소프트웨어정책연구소(SPRi). 《이슈 리포트》, https://spri.kr/posts/view/23840?code=issue_reports

최연경 외(2025.3). 2025년 주요국내 디지털 금융 주요 이슈. 삼성KPMG 경제연구원. Business Focus, https://assets.kpmg.com/content/dam/kpmg/kr/pdf/2025/business-focus/%EC%82%BC%EC%A0%95KPMG-2025%EB%85%84-%EA%B5%AD%EB%82%B4-%EB%94%94%EC%A7%80%ED%84%B8%EA%B8%88%EC%9C%B5-%EC%A3%BC%EC%9A%94-%EC%9D%B4%EC%8A%8

8_20250314.pdf
한국방송통신전파진흥원(2024.3). AI와 디지털 기반의 미래 미디어 산업 동향”. 《ICT 핫클립》, 97, https://www.kca.kr/hot_clips/vol97/sub02.html
황정호(2020.5.1). 정부 용역보고서 보니… '사라지는 일자리 700만 개'. KBS, https://news.kbs.co.kr/news/pc/view/view.do?ncd=4437337
황정호(2024.1.8). AI 본격 적용 시대… 기대 '반' 우려 '반'. KBS, https://news.kbs.co.kr/news/pc/view/view.do?ncd=7861045

# 05
# 뛰는 AI 위에 나는 AI

가상 자산 세계는 미지의 공간이었다. 늘 한발 앞선 속임수와의 싸움이었다. 시세 조종이나 자금 세탁, 해킹이 눈앞에서 벌어져도 범죄 조직 앞에선 속수무책이었다. 사람이 할 수 있는 영역에서 항상 뒤쫓기 바빴던 상황이 이젠 역전됐다. AI라는 '지능형 감시가'가 나타나 비정상적 움직임도, 이상 거래도 잡아내고 있다. 질서가 재편되고 있는 이 세계를 주목하라.

AI 콘텐츠 크리에이터?

## 가상 자산이 끌어올린 불장

오늘 피자 두 판과 비트코인 만 개가 교환된다면? 뉴스에 나올 일이다. 경제에 어두운 사람이라도 이 거래는 말이 안 된다고 손사래를 칠 정도로 비트코인 가격은 치솟았다. 비트코인 거래는 언제였나? 2010년, 세계 최초 가상 자산의 실물 거래가 진행됐다. 이날은 업계에서 '비트코인 피자 데이'라고 부른다. 피자 두 판을 얼마에 주고 샀는지 현 시세로 환산하면 아찔하다.

가상 자산은 '비트코인'으로 대표되는 디지털 화폐로, 2009년 세상에 공개된 것으로 알려진다. 실물 화폐와 개념을 아예 달리한다. 중앙은행이나 정부 등 중앙 기관의 통제 없이 블록체인(Blockchain), 디지털을 기반으로 하는 디지털 화폐다. 인터넷만 있으면 어디서든 비트코인을 주고받을 수 있고, 거래 내역은 모두 기록된다.

비트코인 가격이 현재 1억 4천만 원에 육박하고, ETF(Exchange Traded Fund, 상장지수펀드)까지 나오고 있다. 크게 돈을 번 사람들도 많이 나왔다. 2024년 국감 자료를 보면 비트코인 등의 가상 자산을 10억 원어치 이상 보유한 20대 청년이 185명인 것으로 확인됐다. 유정석(2024)의 연구를 보면, 2023년 비트코인 급등기가 부동산 시장에 영향을 미쳤다는 분석도 나왔다. 특히, 강남

아파트 가격이 비트코인 가격이 급등하거나 코스닥 시장이 크게 변동할 때, 상대적으로 빠르게 반응한다고 설명했다. 코인 등으로 돈을 번 20·30대가 강남의 비싼 아파트를 샀다는 건 소문이 아니란 얘기다.

## '익명성'을 내세운 안전 곳간도 털린다

가상 자산은 '디지털 금'이다. 불황기에는 가치 저장 수단으로, 호황기에는 위험 자산 역할로 몸값은 더 높아지고 있다. 2010년대 국내에서 첫 거래소가 생겨 현재 다양한 거래소에서 활발한 거래가 진행되고 있다.

소문이 나면 도둑이 든다. 2019년, 국내 최상 가산 자산 거래소인 업비트가 해킹을 당했다. 가상 자산 이더리움 34만 2천 개를 탈취당했다. 당시 시세로 약 580억 원이었다. 2주 정도 거래소 입출금을 전면 중단해야 할 정도였다. 경찰은 몇 년 동안 수사한 끝에 북한의 대표적인 해킹 조직 '라자루스' 소행이라고 공식 발표했다. 탈취된 이더리움은 해외 거래소에서 분산 세탁됐다. 이제 이런 큰 규모의 피해조차 사례로 듣기 어려울 정도로 가상 자산 탈취 공격은 더 대담해지고 있다. 지난해 불법 주소로 유입된 가상 자산 금액이 409억 달러에 이른다는 조사 결과도 있다. 범죄에 많이 악용되는 코인은 '스테이블코인'이다. 비트코인이 높은 유동성 때문에 초기에 자주 이용됐다가 거래량이 늘어난 스테이블코인으로 옮겨 갔다는 분석이다.

범죄 조직이 가상 자산을 많이 이용하는 건 가상 자산의 기술적 특성이 크다. 가상 자산은 블록체인 기반으로 중앙 서버가 아닌 노드(node), 개별 서버에서 거래 내용이 기록되고 동기화된다. 이 덕분에 데이터의 위·변조를 방지하고 투명성을 유지하면서 익명성은 보장되는데, 바꿔 말하면 추적이 쉽지 않다는 것이다. 이런 점을 악용해 범죄 조직에서는 자금의 출처와 수신자를 알 수 없게 믹서 등 다양한 디지털 도구로 불법 거래를 하거나, 해커들은 가상 거래소를 해킹해 가상 자산을 빼 가고 있다.

## AI가 가상 자산 보안관이 됐다

가상 자산을 해킹으로 탈취하거나 수익을 얻으면 일부는 다른 코인으로 환전하고, 나머지는 전 세계 거래소나 개인 지갑으로 보내 세탁한다. 가상 자산 지갑은 동시다발적으로 만들어서 입출금을 할 수 있기 때문에 거래 흔적을 사람이 하나하나 확인하기엔 한계가 있다. 이런 문제를 해결하기 위해 AI가 도입되고 있다. AI가 패턴을 학습한 뒤 빠르게 추적하고 분석한다. 그뿐만 아니라 사이버 범죄의 온상으로도 불리는 '다크 웹'에서 무기나 음란물을 사고팔거나 스캠(scam)에서도 가상 자산 지갑 주소가 많이 등장하는데, 이 같은 범죄 의심 주소를 유형별로 분류해 대응하는 스타트업도 있다. AI가 사기나 보이스 피싱, 다크 웹 내 성 관련 범죄에 쓰이는 주소 등까지 다양하게 수집하고 추적하고 있다. 이런 추적을 통해 거래소 등과 협력해 출금을 못 하게 막거나 선제적 대응도 가능해진다. 큰 공격을 받았던 거래소 '업비트'도 AI 등을 도입해 방어에 나서고 있다. AI가 피해 신고를 받았거나 유사한 이상 거래 패턴을 학습해 실시간 검사를 한다고 했다. 피해 신고를 받은 지갑 주소와 동일한 지갑 주소로 누군가 입·출금하려고 하거나 유사한 이상 거래 패턴이 확인되면 고객에게 알림을 주고 확인할 수 있다고 업체 측은 밝혔다.

피자 두 판과 바꿔 먹던 비트코인 시대는 역사의 뒤안길로 사라졌다. 현재 가상 자산 시장은 폭발적인 성장성과 혁신성을 가진 시장이다. 비트코인, 이더리움 등 주요 가상 자산 가치는 급증하고, 주요 국가에서 빠르게 제도권에 편입시키고 있다. 여기에 규제까지 손보게 되면 전통 금융, 스테이블코인 등 AI를 활용한 '보안' 서비스 시장은 더 커질 수밖에 없다.

혼란은 곧 기회다. 기존 금융권이 해결하지 못한 문제에 대해 스타트업들이 창의적인 설루션을 내밀 수도 있다. 가상 자산은 국경 제약이 없어서 글로벌 시장에서 선전할 수 있다. 앞서 소개한 방지뿐만 아니라 거래나 맞춤형 투자 등에도 AI가 전방위적으로 활용되고 있다. 가장 중요한 자금 조달 문제에도 문이 열렸다. 벤처 캐피탈이나 은행 외 다양한 투자처를 찾을 기회가 더 열리는 셈이다.

한국인터넷진흥원이 내놓은 "2024년 상반기 사이버 위협 동향 보고서"에 보면 지난해 상반기 가상 자산 피해액만 1조 9천억 원에 달한다. 2023년 9천억 원과 비교하면 두 배 가까이 늘었다. 시장 규모가 커질수록 피해 금액도 기하급수적으로 커진다. 규제가 강화되면 준법이나 보안을 핵심으로 하는 서비스들이 더 각광받게 된다. 가상 자산 가치는 커지고 범죄 조직은 뚫고, AI는 막는 싸움판이 커지고 있다. 스타트업계는 기회를 찾아야 한다.

## 참고문헌

김대영·김산하(2020.5.22). '피자 두 판' 1100억에 산 그날…

비트코인 피자데이 10주년, 《한국경제》, https://www.hankyung.com/article/202005226448g

안도걸 더불어민주당 의원실(2024). 가상 자산 보유 현황.

유정석(2024). 부동산, 가상 자산 및 주식시장 간의 가격 변동성 전이효과 분석. 《부동산연구》, 34(3), 7-28쪽, https://www.kci.go.kr/kciportal/ci/sereArticleSearch/ciSereArtiView.kci?sereArticleSearchBean.artiId=ART003119941

한국인터넷진흥원(2024). 2024년 상반기 사이버 위협 동향 보고서, https://www.kisa.or.kr/20205/form?page=1&postSeq=1026

황정호(2025.1.15). [탈탈털털] 사이버범죄 '타깃'된 가상 자산… 인공지능으로 막는다. KBS, https://news.kbs.co.kr/news/pc/view/view.do?ncd=8152646

황정호(2025.1.16). 지난해 범죄 악용 '가상 자산' 59조 원… 지금도 진행 중 [탈탈털털]. KBS, https://news.kbs.co.kr/news/pc/view/view.do?ncd=8153466

Chainalysis(2025). 2025 가상 자산 범죄 보고서, https://go.chainalysis.com/2025-Crypto-Crime-Report-Korea.html

Spherical Insights(2024.6). 글로벌 암호화폐 시장 규모, 분석, 트렌드, https://www.sphericalinsights.com/ko/reports/cryptocurrency-market

06

# 호랑이 등에 올라탄 AI

"파도는 준비된 서퍼에게만 기회다." 지금 AI 시장은 거대한 파도가 몰아치는 바다다. 글로벌 빅테크의 투자와 인수, 협업이 잇따르며 이 파도 위에서 새로운 시장을 만들고 있다. 이 같은 변화는 스타트업에 두려움이 아니라 파도를 타고 더 멀리 나아갈 수 있는 소중한 순간이다. 기업의 방향을 잃지 않을 균형 감각이 어느 정도 길러졌다면, 뛰어드는 데 망설일 이유가 없다.

AI와 민주주의?

## '금의환향'은 언제나 통한다

세계적인 K-팝 스타 블랙핑크 '제니'가 이름값을 제대로 하고 온 미국 코첼라(Coachella) 무대를 유튜브 등에서 접하지 않은 사람을 거의 없을 것이다. 코첼라는 세계 최대 규모의 음악 축제 중 하나로, 매년 20만 명 이상의 관객이 모인다고 한다. 제니보다 앞서 코첼라에 선 K-보이 그룹이 있다. '에이티즈'라는 보이 그룹인데, 2024년 두 차례 코첼라 무대에 올라 K팝 보이 그룹 최초로 코첼라 라인업에 이름을 올렸다. 2024년 당시만 하더라도 국내에서는 생소한 그룹이었다.

이들은 해외에서 인기를 얻고, 국내에서 입지를 다졌다. 이 그룹의 전략을 엿볼 필요가 있다. 데뷔 초부터 유튜브 등 온라인 플랫폼을 적극적으로 활용해 해외 팬을 모았다. 현지 팬들의 요청으로 공연 회차가 늘어나기도 했다는 일화도 있다. 이들을 '코첼라'까지 오르게 했고, 그들이 보여 준 폭발적인 퍼포먼스는 국내 팬들을 사로잡았다.

이승아 · 정태현(2024)의 연구에 따르면 미국 생성 AI 기업의 61.5%, 한국의 40.5%가 업력 4년 이내로, 챗GPT 등장 이후 관련 창업이 큰 폭으로 증가했음을 알 수 있다. 2022년부터 시작된 벤처 투자 혹한기에도 생성 AI

분야에는 막대한 투자금이 몰렸다. 특히 MS, 구글 등 글로벌 빅테크 기업들을 중심으로 쏟아지는 막대한 투자금과 기술의 성장에 한국의 기업들도 많은 위기감을 느끼고 투자에 뛰어들고 있으며, 정책적으로도 많은 지원이 나오고 있다. 이러한 상황에서 생성 AI가 촉발한 창업 환경의 변화와 기회를 면밀히 살펴보는 일은 매우 중요하다.

2025년 MWC 등 큰 전시회에 참석하면 국내 통신사들은 각 사가 지원하는 스타트업 부스를 따로 연다. 기업들이 기자나 관람객들에게 시연할 수 있는 자리를 만들어 주는 것이다. 필자도 다양한 스타트업에 대해 설명을 들었다. 국내 한 스타트업은 영상 이해나 분석에 특화된 AI 기술을 개발해 영상 속 인물이나 대사 등 다양한 정보를 종합적으로 분석하는 서비스를 하고 있었다. 출장 당시에는 몰랐지만, 엔비디아가 국내 스타트업 중에 직접 투자한 첫 사례였다는 사실도 알게 됐다. 이 사실이 업계에 알려져 큰 반향을 일으켰다고 전해 들었다.

## 두드려라! 문이 열린다

행운의 주인공은 아무나 될 순 없지만, 누구든 될 수 있다. 대형 기획사(글로벌 빅테크)의 자본력과 인프라 속에서 탄생하는 아이돌 그룹뿐만 아니라, 이른바 중소돌(스타트업)의 성공 장벽이 낮아지고 있다. 혁신을 앞세운 스타트업들이 경쟁할 수 있는 무대가 만들어지고 있다. 국내 최대 스타트업 협회인 스타트업얼라이언스(2025)는 데이터 분석을 넘어 텍스트, 이미지, 영상, 코드 등 다양한 형태의 콘텐츠를 생성할 수 있는 생성형 AI의 활용 가능성이 주목받고 있고, 기술 진보는 기업에 가능성을 열어 준다고 전망했다. 지금도 기술력과 차별화된 비즈니스 모델까지 구축한 기업들이 나온다. 물론, 기술력이 좋아도 '보릿고개'를 잘 넘기지 못하고 사장되는 경우도 많다.

다양한 투자 프로그램을 찾고 두드려야 한다. 2024년 3월 14일, 오픈AI 본사에 초청받은 스타트업 대표들에게 평생 잊지 못할 화이트데이 선물이 아닐까? 정부가 오픈AI와 국내 AI 스타트업을 공동 육성하기로 한 협약에 따른 방문이었다. 예선 통과된 기업 14곳이 본사에서 평가를 받았다. 예정에 없던 샘 올트먼(Samuel H. Altman) 대표가 등장해 분위기가 더 달아올랐다고 한다. 최종 선정되면 일단 정부로부터 최대 2억 원을 지원받게 된다. 앞서 정부는 퀄컴 등과 협업해 지원 프로그램을 마련하기도 했다. 퀄컴에서 성과가 우수한 스타트업의 AI 기술

등을 지원하는 내용이 핵심이었다.

정부 프로그램 말고도 구글의 유명 지원 프로그램도 있다. 구글의 'AI 퍼스트(Google for Startups Accelerator, AI First)' 프로그램은 국내 AI 스타트업의 해외 진출과 기술 검증, 글로벌 네트워크 확보를 지원하는 대표적 사례다. 이 프로그램은 2021년 한국에서 처음 시작됐고, 지금도 이어지고 있다. 시드~시리즈A 단계의 유망 AI 스타트업을 선발해 10주 동안 집중 액셀러레이팅 등을 제공한다.

필자가 언급하지 못한 지원 프로그램 등은 더 많다. 기술력을 인정받고 지원을 받기 위해서는 움직여야 한다. 한 스타트업 대표는 부처 실무 관계자를 만나기 위해 내선 번호와 메일로 사업 계획서 등을 보내고 몇 시간이 걸려 직접 찾아갔다는 후일담을 들려주기도 했다.

## 마르지 않는 샘물은 없다

2025년 3월, 블룸버그에 따르면 오픈AI(OpenAI)는 글로벌 투자자들이 참여한 가운데 400억 달러(약 58조 원) 규모의 자금 조달을 성공적으로 완료했다고 한다. 스타게이트 프로젝트(Stargate Project)는 오픈AI와 소프트뱅크, 오라클이 합작해 추진하는 세계 최대 규모의 AI 데이터센터, 슈퍼컴퓨터 인프라 구축 프로젝트다. '스타게이트'라는 이름은 일반적으로 '새로운 문을 연다'는 의미로 많이 사용된다. 새로운 문을 만들고 세우는 데 들어갈 막대한 투자금을 유치하기 위해 샘 올트만이 올 초 단행한 세계 각국 순방은 흥행했다.

국내도 상황은 비슷하다. 한국 스타트업 및 벤처 캐피탈(VC) 투자 데이터베이스 플랫폼 '더브이씨(THE VC)' 통계를 봐도 국내 스타트업 60여 곳이 해외 투자를 유치했는데, 30% 정도가 AI 관련 스타트업이라고 분석했다. 돈이 몰리고 있지만, 혹한기는 언제 찾아올지 모른다. 국내 AI 스타트업이 해외 · 국내 투자를 전략적으로 유치하기 위해서는 전략이 필요하다. 완벽히 '출제자' 입장에서 시장을 이해해야 한다. 챗GPT의 성공 요인을 계속 떠올려라. 투자자는 기술력 이상의 시장성 등을 고려한다. 기술의 차별성뿐 아니라, 실제 산업 현장에 적용 가능한 확장성을 염두에 둬야 한다. 그러면서 국내외 IR 행사, 데모데이, 글로벌 액셀러레이터 등도 적극적으로 참여해 눈도장을 찍어야 한다. '구슬이 서 말이라도 꿰어야 보배'라고 했다.

## 참고문헌

고은하(2024.1.18). 에이티즈, 美 코첼라 무대 오른다… K-팝 보이그룹 최초. 코리아넷뉴스, https://www.kocis.go.kr/koreanet/view.do?seq=1047354

문관현(2025.3.27). 오픈AI, 스타게이트 400억달러 펀딩 마무리 단계. 연합뉴스, https://www.yna.co.kr/view/AKR20250327133800009

박종선(2025.2.26). 혁신 인공지능(AI) 창업기업(스타트업), 세계적(글로벌) 대기업과 함께 초격차 이끈다. 중소벤처기업부. 보도자료, https://www.mss.go.kr/site/smba/ex/bbs/View.do?cbIdx=86&bcIdx=1056953&parentSeq=1056953

스타트업얼라이언스(2025.3.27). 2025 생성형 AI 스타트업맵, https://www.startupall.kr/resource/data/2025-%EC%83%9D%EC%84%B1%ED%98%95-ai-%EC%8A%A4%ED%83%80%ED%8A%B8%EC%97%85%EB%A7%B5-22ea9cda-589f-467e-ad68-954284c50e3c

윤지은(2024.3.18). 인공지능(AI) 분야 K-창업기업(스타트업), 오픈AI가 키운다. 중소벤처기업부. 보도자료, https://www.mss.go.kr/site/smba/ex/bbs/View.do?cbIdx=86&bcIdx=1048947&parentSeq=1048947

이승아·정태현(2024). 생성AI와 창업: 외생적 촉진자로서의 생성AI 역할 분석. 《벤처창업연구》, 19(6), 89-100쪽, https://www.kci.go.kr/kciportal/ci/sereArticleSearch/ciSereArtiView.kci?sereArticleSearchBean.artiId=ART003156408

홍국기(2023.10.26). 트웰브랩스, 엔비디아·인텔·삼성 등서 1천만 달러 유치. 연합뉴스,

https://www.yna.co.kr/view/AKR20231026030900017
TheVC(2025.6.22). 2025년 상반기 해외 투자 유치 스타트업 & 해외 투자자.
https://thevc.kr/discussions/kstartup_foreign_investor_2025

## 07
# 스텔스 창업 시대

창업이 쉬워진 시대, 성공은 여전히 어렵다. 위험은 줄이고, 가능성은 극대화하는 창업이 인기다. AI 시대, 창업의 필수품은 더 이상 거대 자본이 아니다. 노트북과 몇 줄의 코드, 그리고 몰래 쌓아 온 인사이트다. 주간에는 회사 시스템을, 야간엔 내 꿈의 코드를 배운다는 '스텔스 창업'. 위험을 최소화하는 효율적인 전략이다. AI 기술의 발전은 스텔스 창업의 가능성을 더 키우고 있다.

AI와 애니메이션?

## 혼자서 세상을 바꿀 수 있나?

AI는 이 질문에 "YES"라는 답을 내놓을 것이다. 우버 뉴욕 지사장 출신 조시 모어는 프로그래밍 전문가가 아니었지만, AI를 이용했다. 챗GPT로 코딩을 독학해 혼자서 회의 요약 앱의 시제품을 만들었다. 그 결과, 8개월 만에 월 매출 4억 원을 올리는 회사를 만들었다. 생성형 AI 기술을 활용해 생산성 향상을 가져온 전형적인 '솔로프러너'다.

솔로프러너(Solopreneur)는 솔로와 기업가의 합성어다. 최근엔 AI 기술로 무장한 스타트업을 지칭할 때 쓰인다. 새롭게 등장한 비즈니스 모델로도 볼 수 있다. 생성형 AI 혁명이 이끈 변화다. 실리콘밸리 1인 기업가 바누 테자는 웹사이트 콘텐츠를 기반으로 빠르게 챗봇을 제작해 주는 서비스를 제공해 15만 달러 매출을 올리기도 했다고 한다.

전통적인 기업이라면 다양한 업무를 담당할 인력이 필요했지만, AI를 보조 인력으로 활용할 수 있다는 것이다. 그러면서 AI는 창업의 문턱을 낮췄다. 앞으로 아이디어만 있다면 혼자서 제품 개발이나 마케팅, 고객 응대까지 모든 과정을 원스톱으로 진행할 수 있다. 자본도 그렇고, 인력이나 지식이 부족했던 과거와 환경이 달라졌다. AI는 아이디어를 즉각 현실로 바꿔 주는 강력한 동반자가 됐다.

## '작은 거인' 시대 열렸다

AI 시대는 '스텔스 창업' 시대다. 스텔스 창업은 말 그대로 남들에게 비밀로 하며 조용히 준비하는 창업 방식이다. '스텔스(stealth)'는 '은밀함'이나 '비밀 작전'이라는 뜻으로, 지인들에게도 창업 사실을 숨기며, 본업을 하면서 부캐(부캐릭터)로 창업하는 것을 일컫는다. AI 기술이 발전하면서, 혼자서도 거대한 변화를 만들어 내는 사업체를 꾸리는 게 가능해졌다. 누구나 도전할 수 있게 됐다. 글로벌 스타트업 지원 플랫폼 카르타(Carta)에 따르면, 2015년 전체 스타트업의 17%에 불과하던 1인 창업 비율은 2024년 35%로 두 배 이상 늘었다. 배경에는 생성형 AI와 자동화 도구의 비약적 발전이 있다.

AI가 1인 기업의 업무 효율성을 극적으로 높이는 방식은 구체적이다. 삼성(Samsung, 2024) 보고서를 보면 Z세대의 73%는 부업이나 창업 과정에서 AI를 적극적으로 활용하고 있고, 이들 중 69%는 업무에 도움이 필요할 때 AI를 우선 활용한다고 답했다.

AI는 단순 반복 업무의 자동화, 데이터 분석, 고객 응대, 마케팅 콘텐츠 생성, 일정 관리, 회계 등 다양한 영역에서 인간의 부담을 크게 줄여 준다. 실제로 AI 도구를 활용한 솔로프러너는 업무 시간을 절감하고, 핵심 업무에 더 많은 에너지를 집중할 수 있다는 분석도 나온다. AI가 업무의 우선순위를 정해 주고, 알림을 보내 주는 등 비서 역할도 수행한다. 단순 반복적인 작업을 효율적으로 정리만 해주는 것에 그치지 않고, AI 기반의 데이터 분석과 예측, 맞춤형 서비스 제공, 실시간 시장 트렌드 파악 등은 1인 기업이 빠르게 변화하는 시장 환경에 유연하게 대응할 수 있도록 한다. 메타넷(Metanet, 2025)은 이제 범용적 도구를 넘어 각 기업과 개인의 IT 인프라, 보안 정책, 실시간성, 정확성, 처리량 등 다양한 요구에 맞춘 '맞춤형 설루션'으로 진화하고 있다고 분석했다. 실제 업무 성과(KPI)를 끊임없이 개선하는 과정에서, AI는 1인 기업가의 경쟁력을 극대화하는 핵심 인프라로 자리 잡았다.

전통적인 기업은 조직의 크기와 인력, 복잡한 의사 결정 구조, 높은 고정 비용 등으로 인해 사회적 변수에 대해 빠른 대응이 어렵지만, 1인 기업은 AI와 자동화 도구를 활용해 투자 비용은 줄이면서 빠른 의사 결정이 가능하다.

## 꿈만 꾸는 자는 AI도 돕지 않는다

일단 스텔스 창업은 '올인'이 아니다. 달걀을 한 바구니에 담지 않듯, 본업을 유지하면서 준비하기 때문에 안정적인 수입을 유지하면서 창업 리스크를 최소화할 수 있다. 본인이 창업하려는 분야에서 일을 하고 있다면 더할 나위 없다. 실무 경험이나 인맥 등도 창업 아이템에 충분히 녹여 낼 수 있다. 본인의 커리어를 지키면서도 도전할 수 있고 일단 빠르게 출시해서 시장 반응을 보며 실시간 개선할 수도 있다. 에릭 리스가 제시한 창업 방식 '린(Lean) 스타트업'이기도 하다(나희경 · 이희우, 2016). 최소한의 비용과 자원으로 빠르게 시장에 제품을 출시하고, 사용자 피드백을 기반으로 제품이나 서비스를 반복적으로 개선하는 방식이다. AI와 자동화 기술 덕분에 이 같은 창업이 빠르게 자리 잡을 수 있게 됐다.

조직 운영보다는 기업이 내놓을 제품이나 서비스에 집중하란 뜻이다. 우리가 내놓을 서비스를 사용할 잠재 고객들의 니즈를 파악해야 한다. 이때 크게 활용해야 할 것은 AI의 데이터 분석력이다. 이를 활용해 '개인화' 서비스를 제공해야 한다. 고객의 행동, 라이프스타일 등을 분석해 맞춤형 서비스를 내놔야 한다. AI는 이제 단순 상품 추천을 넘어, 고객의 구매 헤리티지를 종합적으로 분석하고, 실시간 행동 데이터에 따라 상품·서비스·마케팅 메시지를 자동으로 최적화한다.

시장 방향을 틀 수도 있다. 늘어나는 1인 창업가들을 위한 AI 서비스를 개발하면 된다. 자동화 도구를 사용하는 관련 시장이 커질수록, 1인 창업가들이 사용할 수 있는 초소형 프로그램을 개발하고 출시하는 것도 방법이다. AI는 스타트업계의 일하는 방식과 성장 전략을 바꾸고 있다. 움직이고 생각해라. 고부가가치 창출과 시장 선점을 동시에 노릴 수 있다. 당장 시작하자.

### 참고문헌

김인엽(2025.6.23). 1인 기업도 수백억 유치… '솔로프러너' 시대. 《한국경제》, https://www.hankyung.com/article/2025062342661

나희경·이희우(2016). 린 스타트업 방법론의 적용: 한국 '카닥' 사례를 중심으로. 《벤처창업연구》, 11(5), 29-43쪽.

삼일회계법인PwC(2024.12). Dive-in AI, CES 2025 미리보기, https://www.pwc.com/kr/ko/insights/samil-insight/samilpwc_ces2025-preview.pdf

연합인포맥스(2024.2.13). [시사금융용어] 솔로프러너(Solopreneur), https://news.einfomax.co.kr/news/articleView.html?idxno=4298221

Metanet(2024.12.19). 2025년 AI 트렌드: 실용성의 시대 1-2,

https://metanetglobal.com/bbs/board.php?bo_table=tech&wr_id=119

https://metanetglobal.com/bbs/board.php?bo_table=tech&wr_id=120

Samsung(2024). The 2024 AI-preneur effect how gen Z and next-gen tech are transforming work culture, https://img.us.news.samsung.com/us/wp-content/uploads/2024/08/28153303/The-2024-AI-Preneur-Effect-Report-0805_F.pdf

## 08
## AI와 니치 마켓

오래된 골목길을 걷다 보면, 프랜차이즈 사이에 숨어 있는 작은 가게를 만난다. 간판도, 광고도 없이 조용히 문을 연 이곳에 단골이 생기고, 입소문이 퍼지며, 인기를 얻는다. '니치마켓'은 이런 시장이다. 대중의 시선에서 벗어나 있지만, 오히려 열정적인 고객들이 모여든다. AI에서 만드는 틈새 혁신을 잡아야 한다.

AI와 인재 채용?

## AI가 만든 골목길 혁명

AI와 니치마켓은 언뜻 어울리지 않는 조합이다. AI 하면 거대한 데이터 센터, 자율주행차, 거대 언어 모델(LLM, Large Language Model) 같은 첨단 기술이 떠오른다. AI는 남들이 주목하지 않은 틈새를 주목한다. 미국의 '스탠다드 AI(Standard AI)'는 대형 마트가 아닌 동네 가게와 학교 매점까지 무인 매장으로 바꿔 주는 설루션을 만들었다. 대기업이 외면한 작은 시장을 AI로 공략해, 더 빠른 속도로 성장했다. 반복적인 일을 자동으로 처리하고, 고객 한 명 한 명의 취향에 맞춘 서비스를 제공할 수 있다.

AI는 기존에 출시돼 있는 플랫폼을 더 효율적으로 서비스할 수 있게 해 준다. 예를 들어, 누군가 시간 관리표 템플릿을 AI로 자동 생성해 주는 서비스를 만들었다고 치자. 프리랜서나 재택근무자들에게 인기일 것이다. 데이터가 쌓이면 쌓일수록 AI는 맞춤형 서비스가 가능해진다. AI가 니치마켓에서 강한 이유는 바로 '자동화'와 '개인화' 때문이다.

## 다양한 산업의 틈새를 잇다

실제, AI는 효율성이 우선되는 상거래 전반에 활용되고 있다. IBM 기업가치연구소(IBV)의 최근 보고서에 따르면, 최고경영자(CEO)의 절반이 생성형 AI를 제품과 서비스에 통합하고 있다고 한다. AI 기술은 상용화하기에 무리 없을 만큼 올라왔고 수요가 폭발적으로 늘어나는 지금, 틈새를 공략해야 한다.

만약, 한 스타트업이 소규모 온라인 셀러를 위한 AI를 활용한 자동 재고 관리 툴을 만들었다고 치자. 필요한 기능을 효율적으로 제공하면 입소문이 날 수밖에 없다. 대규모 전자 상거래 업체에서 특정 기술을 활용하거나 스타트업을 인수하는 일이 생기는 이유다. 다시 미국의 '스탠다드 AI' 이야기로 돌아가면, 작은 매장만을 대상으로 하다가 대형 체인점까지 고객으로 끌어들였다. 전자 상거래 외에도 미디어 · 콘텐츠 산업에서 콘텐츠 제작 등에도 AI는 활용되고 있다. 쇼트폼 유행에 맞춰 AI가 대사나 자막, 편집까지 도와주는 프로그램들이 쏟아져 나오고 있다.

주목해야 하는 시장은 의료 분야다. 1970년 이후 경제개발협력기구(OECD) 국가 중 한국의 기대 수명은 터키 다음으로 획기적으로 개선됐다. 지금은 오래 사는 것보다 건강하게 잘 사는 것이 더 중요해졌다. 이 틈새도 블루 오션이다.

한 스타트업은 비싸고 시간도 오래 걸리는 수면 검사 시장에 진출했다. 병원과도 협업해 병원에서 코골이 환자에게 상태에 따라 다르긴 하지만, 수면 검사 대신 이 기업이 만든 스마트폰 앱을 처방하기도 한다. AI 기술이 탑재돼 이용자가 자는 동안 호흡 유형 등을 분석한다. 이 앱에는 수면 검사 정보를 학습해 잘 때 내는 소리만으로 무호흡증인지를 판별할 수 있는 AI가 탑재돼 있어 의료기기 허가도 받았다.

또 다른 스타트업은 진동 감지 장치가 있는 매트리스를 개발해 제작했다. 앱과 연동해 누우면 심박수 등을 측정해 AI가 이용자의 수면 정보를 실시간 분석한다. 병원 데이터 등을 AI를 이용해 분석했다. 아침잠을 잘 깨워 주는 놀이 같은 서비스도 인기다.

정신 건강 분야도 AI에 힘입어 다양한 서비스가 쏟아지고 있다. 스마트폰에 설치된 앱을 이용해 AI로 상담을 받는다. 음성이나 텍스트로 본인의 감정을 남기면 AI가 분석해 준다. 병원 상담 데이터 등을 개인 신상이 드러나지 않게 가공해 학습시킨 AI가 실시간 답글을 단다. 이런 대화형 AI와 일주일에 3회 이상 대화하면 외로움이 15% 정도 줄어든다는 연구 결과도 있다. 이용자의 심박수 등을 진단하고 상황에 맞는 노래로 스트레스 해소를 도와

주는 AI 서비스도 있다. 스트레스 지수를 일정 시간 모니터링한 뒤 분석을 해서 노래도 추천한다. AI 기술이 정신 건강 영역까지 확대되면서 관련 AI 시장 규모는 2030년까지 74조 원에 이를 것으로 전망될 정도다.

AI 기반의 의료 서비스는 기존 병원 시스템을 넘어, 1인 가구나, 수면 장애 등 특정 집단을 위한 맞춤형 서비스로 진화하고 있다. AI와 니치마켓이 결합하면, 기존에 없던 새로운 시장이 만들어진다. AI와 결합한 '슬립테크(SleepTech)' 시장이 연평균 6%씩 성장할 것으로 전망된다. 세계 인구 구조의 변화, 생산 인구 감소에 따른 저성장 추세에서도 시장은 있다. AI 등으로 생산·노동 환경이 변화하는 거시적인 사회 변화에 AI를 적극 도입하며 새로운 시장을 발굴해야 한다. 이 때문에 빅테크와 국내 통신 대기업들이 영역별로 특화된 AI 에이전트 시장에 주목하고 있다.

## 다른 미래를 만드는 혁신

AI를 단순히 기술로 보지 않고 가치를 만드는 관점에서 다루면 시각은 더 넓어진다. 니치마켓의 또 다른 힘은 '커뮤니티'다. AI를 활용한 효율적인 응대와 데이터 분석은 고객과 기업이 더 밀착하는 '공생 구조'를 만든다. 고객은 자신의 의견이 반영되는 경험을 하며, 기업은 충성도 높은 팬덤을 기반으로 안정적으로 성장한다. AI는 이 과정에서 커뮤니티 관리까지 자동화해, 소규모 기업이 적은 인력으로도 높은 수준의 고객 서비스를 제공할 수 있게 한다.

개인의 취향이나 라이프 스타일이 다양해지는 지금, 이런 흐름은 가속화될 것이다. 이제는 '모두를 위한 서비스'가 아니라, '나만을 위한 서비스'의 시대다. 작은 시장에서 시작한 혁신이, 전체 산업을 뒤흔드는 파괴적 변화로 충분히 이어질 수 있다.

### 참고문헌


강송희(2020.6.12). 인공지능의 혁신 특성과 한국 스타트업 사례연구. 소프트웨어정책연구소(SPRi), 《이슈 리포트》, 094, https://spri.kr/posts/view/22980?code=issue_reports&study_type=&board_type=&flg=1;252057;%5C

강송희 외(2021). 머신 러닝 혁신 특성과 니치의 탄생: 한국 스타트업 사례를 중심으로. 《한국전자거래학회지》, 26(3), 1-20쪽, https://www.kci.go.kr/kciportal/ci/sereArticleSearch/ciSereArtiView.kci?sereArticleSearchBean.artiId=ART002750199

오로라(2023.2.26). 美무인매장, AI가 주문받고 요리까지. 《조선일보》, https://www.chosun.com/economy/tech_it/2023/02/06/7ER7PQKAQBFIHJYMNI7VNFTE2A/

유희석(2018.9.17). '아마존고'만 있나? 진화한 무인매장 속속 등장. 머니투데이, https://news.mt.co.kr/mtview.php?no=2018091712450251217

전민석(2025.1.8). 키워드 분석으로 살펴본 024년 AI 주요 트렌드. 한국지능정보사회진흥원(NIA). AI@Data Report 2024(5), https://www.nia.or.kr/site/nia_kor/ex/bbs/View.do?cbIdx=39485&bcIdx=27632&parentSeq=27632

황정호(2025.2.1). '꿀잠'도 AI가 관리… 수면문제 해결도 기대. KBS, https://news.kbs.co.kr/news/pc/view/view.do?ncd=8164395

황정호(2025.4.7). '말벗'에 '상담'까지… AI 멘탈 집사 '인기'. KBS, https://www.youtube.com/watch?v=rg6X-lkltvg

IBM(2025.4.23). 상거래에서의 AI: B2B 및 B2C의 필수 사용 사례, https://www.ibm.com/kr-ko/think/topics/ai-in-ecommerce

## 09
# 로봇과 AI

로봇은 이제 공장 안에만 머무르지 않는다. 우리의 식탁, 대화, 일상 속에 자연스럽게 스며들고 있다. AI와의 접목은 실질적인 사회 문제에도 기여하게 한다. 의료, 서비스, 물류 등 다양한 분야에서 AI와 로봇이 일으키는 혁신은 놀랍다. 이 변혁 속에서 스타트업은 성장의 항로를 찾을 수 있을까?

AI와 기자?

## 로봇과 인간의 경계가 흐려지다

올해 초, 중국 항저우에서 로봇 격투기 대회가 열렸다. 인간을 닮은 로봇, 휴머노이드 로봇이 주먹을 날리고 발차기도 하는 진귀한 풍경이 펼쳐졌다. 물론 사람이 조종하는 대로 움직였지만, 관절 움직임까지 그럴듯했다는 평가가 나왔다. 상대 로봇 몸에 걸려 넘어지고, 방향을 제대로 잡지 못해 허공에 발길질하는 등 한계도 보였지만, 인간과 비슷한 행동을 할 수 있다는 것 자체가 기술적으로 자랑할 만하다. 대회에 출전한 로봇 모두 중국 기업이 만들었단 점도 주목할 만하다.

전문가들에게 들어 보면, 휴머노이드 로봇이 움직이려면 모터가 30~40개 정도가 필요한데, 모터를 다 달면 무거워서 움직일 수 없다. 이 부분을 최소화하면서 무게도 경량화해 사람의 행동 속도나 움직임을 비슷하게 따라 하는 게 관건이라고 한다. 이 로봇들은 연달아 발차기도 하고 주먹을 휘둘렀다는 것이니 중국이 자국의 진일보한 기술력을 자랑하는 자리가 분명하다. 실시간 변하는 환경에 사람처럼 빠르게 대응하는 건 자율주행 센서 등이 더 접목돼야 하는 부분인데, 앞으로 이런 부분까지 보완된다면 활용 범위는 더 넓어질 것이다. 지난해에는 중국 관영 CCTV 뉴스에 로봇 기자가 등장해 다소 어색하지만 큰 문제 없이 생방송을 진행해 눈길을 끌기도 했다. 고도화된 AI 로봇이 상용화되면 대규모 실업 사태가 일어날 수도 있다는 우려가 나올 정도라고 한다. 중국에서는 고용주가 로봇과 AI를 도입하면서 인력을 감축해 법정 분쟁에 들어간 사례가 많아지고 있다.

## 경계를 넘는 기술의 진화

로봇도 여러 종류가 있다. 제조용이나 협동 로봇, 서비스 로봇 정도로 나눌 수 있다. 산업연구원 보고서(박상수, 2024)에 따르면 2023년 세계 소비자용 로봇 신규 판매 대수는 412만 8,141대로 전년 대비 0.8% 소폭 성장에 그친 것으로 조사됐다. 주목해야 할 점은 가정용 돌봄 로봇 시장은 전년 대비 세 배 가까이 성장했다. 고령화 추세에 따라 가정용 돌봄 로봇 시장 규모는 계속 더 커질 것으로 보인다.

실제, 스타트업들도 재활이나 돌봄 로봇에 출사표를 던지고 있다. 필자가 취재한 로봇 스타트업은 보행 보조 로봇을 개발했다. 환자나 고령자의 재활 치료에 주로 쓰인다. 벨트를 착용하듯, 스스로 착용할 수 있다. 스마트폰에 연동된 앱에서 이용자의 상태를 분석한 뒤, 필요한 만큼 힘을 보조해 준다. 계단을 오르거나, 오르막이나 내리막길 모드를 따로 설정할 수 있다. 로봇에 장착돼 있는 센서가 이용자의 보행 속도나 자세 등을 실시간 감지하고, AI는 이 데이터를 모아 이용자의 보행 나이도 분석하고, 운동 프로그램도 제안한다고 업체 측은 설명했다.

몇 년 사이, 고령자나 거동이 불편한 1인 가구에 보급된 돌봄 로봇도 챗GPT 등으로 고도화되고 있다. 우울감을 줄여 주고, 치매도 예방해 준다는 평가를 받는다. 음성을 인식해 전등을 켜 주거나, 통신망도 연결돼 긴급 구조 메시지도 보낼 수 있다.

주차장 주차 요원을 대체할 수 있는 주차 로봇도 개발되고 있다. 이용자가 '주차 요청' 버튼을 누르면 끝이다. 로봇 두 대가 등장해 차량을 옮긴다. 로봇 내 센서 등을 통해 주변 장애물이나 차량 번호판 등을 인식해 스스로 움직인다. 다소 어색하고, 그래도 사람이 하는 게 낫다는 평이 나오지만 언제나 그랬듯, 기술은 예고 없이 일상을 바꾸지 않았던가.

창고 한복판에서 인간 대신 묵묵히 물류를 옮기는 로봇. 병원 복도나 환자의 상태를 실시간 확인하는 로봇. 미래의 상상이 아니다. 글로벌 로봇 시장의 성장은 단순한 자동화의 확장이 아니다. AI와 로봇이 결합하며, '생각하는 기계'가 현실이 되고 있다. 산업 현장 곳곳에서 반복적이거나 위험한 업무는 로봇이 맡고, 인간은 더 창의적이고 전략적인 역할에 집중한다.

## 이미 미래는 우리 앞에 있다

이 거대한 변화의 한복판에서, 스타트업은 무엇을 해야 하는가? AI와 로봇의 융합은 스타트업에게 새로운 도전이다. 이제 로봇은 단순한 기계가 아니고, 데이터와 인공지능이 결합된 지능형 시스템이다. AI가 로봇의 눈과 두뇌가 돼 현장의 데이터를 실시간으로 분석하고, 스스로 학습해 예측하고 판단한다. 이런 'AI 로봇 플랫폼'은 하드웨어와 소프트웨어의 경계를 허물고, 다양한 산업에 맞춤형 설루션을 빠르게 확장할 수 있는 기반이 된다. 앞서 설명한 것처럼, 시각과 언어, 동작까지 가능한 AI 로봇은 물류, 제조 현장에서 복잡한 작업까지 자동화하고 있다. 실내 자율주행 로봇에 AI 기반의 실시간 환경 인식 기능이 더해지면서, 병원, 호텔, 상업 시설 등 다양한 공간에서 새로운 서비스가 가능해졌다.

거대 자본이 몰리는 분야라고 스타트업이 손 놓을 순 없다. 대형 제조 라인이나 물류 센터처럼 자동화가 보편화된 곳이 아닌 '미개척지'를 찾아야 한다. 미국의 한 스타트업은 저렴한 휴머노이드 로봇으로 미국 물류 창고 등에서 반복 작업을 대체하며, 기존 산업용 로봇이 닿지 못하는 곳에서 상자 이동이나 제품 피킹(picking) 등 새 시장을 열었다. 규모는 작지만 특화된 분야에 집중해 시장을 선점했다. '니치마켓'을 찾고, AI 로봇의 강점인 '자동화'를 이용했다. 성공의 정석을 지켰다.

상호작용에 특화된 서비스와 연계할 수도 있다. 교육, 가정, 헬스케어 등 다양한 분야에서 맞춤형 로봇 서비스가 등장하고, 건설 현장의 인력난을 해결하는 유연한 로봇 시스템도 속속 등장한다. 구독형이나 임대형 서비스를 제공하는 것도 스타트업이 참고할 만한 방식이다. AI 로봇이 수집하는 방대한 데이터는 곧 자산이다. 이를 통해 어떤 부가가치를 창출할 수 있을지 고민해야 한다. 항상 갈증 나는 건 인프라와 네트워크다. 최근 글로벌 플랫폼과 오픈 소스 제공 등은 기회다. 대기업 못지않은 기술력과 확장성을 확보할 수 있는 장은 열렸다. 열세하다는 건 약점이 아니다. 더 좁고 깊게 파고들어 갈 수 있다.

### 참고문헌

김민정(2024.6.27). 생방송도 척척 '로봇기자'… "대규모 실업 대비해야. KBS, https://news.kbs.co.kr/news/pc/view/view.do?ncd=7998280

김민정(2025.5.26). 로봇이 '라이트훅'… 중국서 세계 첫 '휴머노이드 격투 대회'. KBS, https://news.kbs.co.kr/news/pc/view/view.do?ncd=8263880

박상수(2024.11). 글로벌 로봇산업 동향 분석과 우리의 발전 방향. 산업연구원. 《월간 KIET 산업경제》, 314, 46-55쪽, https://www.dbpia.co.kr/journal/articleDetail?nodeId=NODE12128762

장길수(2024.4.5). 리플렉스로보틱스, '가격 경쟁력 앞세워 휴머노이드 시장 공략한다'. 로봇신문, https://www.irobotnews.com/news/articleView.html?idxno=34524

한국로봇산업진흥원(2024.12). 중국 물류 로봇산업 동향 및 분석. 《로봇산업 정책동향》, https://keia.kr/main/board/20/18991/board_view.do?cp=5&listType=list&bdOpenYn=Y

한국로봇산업진흥원(2025.6). 휴머노이드 로봇 상용화, 기술·비용 벽 여전히 높아. 《Robot Issue Brief》, https://www.kiria.org/portal/reference/portalRefTrendDetail.do

한국산업기술진흥원(2023.2.27). 2023 산업기술 환경예측 보고서, https://www.kiat.or.kr/front/board/boardContentsView.do?board_id=71&contents_id=106f7c70f16c45dfb73e0da661e1485b&MenuId=878cb9b6d5ec41bf914ad5c0f590ed14

한국지능정보사회진흥원(2024.12). NIA가 전망한 2025년 12대 디지털 트렌드, https://www.nia.or.kr/site/nia_kor/ex/bbs/View.do?cbIdx=25932&bcIdx=27606&parentSeq=27606

황정호(2025.6.23). 재활에서 주차까지… 로봇시대 '성큼'. KBS,

https://news.kbs.co.kr/news/pc/view/view.do?ncd=82847
72

# 10
# 우주로 간 AI

우주는 인간의 상상력과 도전 정신이 닿는 마지막 개척지이자 강대국의 놀이터였다. '뉴스페이스(New Space)' 시대가 본격화되면서 각국의 선점 경쟁은 치열해졌다. 우주로 향하는 로켓이 뿜어내는 불꽃 뒤에 보이지 않는 혁명이 시작됐다. AI의 진화다. 데이터로 무장한 AI는 스스로 배우고 판단해 우주 산업의 새로운 표준을 만들고 있다. '지능형 우주 산업'이라는 새로운 패러다임으로 재편되는 지금, 유망 분야를 찾아 주인공이 돼 보자.

AI와 미래 의사?

## 우주로 여행 가는 '뉴 스페이스' 시대

텍사스 서부의 드넓은 사막에서 거대한 로켓이 움직였다. 사람들까지 태운 이 로켓은 발사 뒤 10여 분 만에 지구 대기권을 뚫었다. 이 로켓은 제프 베이조스 아마존 최고경영자(CEO)가 세운 우주 기업 블루 오리진(Blue Origin)이 만든 자동화된 재사용 로켓이다. 마음만 먹으면 우주로 여행도 가는 세상이 됐다.

우주는 현재 모든 국가의 핵심 인프라이자 미래 경제의 중심으로 주목받고 있다. 위성을 통해 제공되는 지상 영상, 방송 통신, 인터넷 등을 사회 필수 요소로 인식하고 있다. 특히 주요국들은 우주를 새로운 안보 영역으로 인식해 미국과 중국은 우주 군을 운영 중이며, 양국 간 패권 경쟁도 치열하다. 2040년 우주 경제 규모에 대해 뱅크 오브 아메리카 등은 2조 7천억 달러까지 성장할 것으로 예측한다. 우주는 더 이상 탐사의 영역만이 아니다. 과거 우주 개발은 주로 국가 안보와 과학 탐사를 목적으로 정부가 주도했으나, 민간 기업들이 혁신적인 기술과 비즈니스 모델을 바탕으로 하는 '뉴 스페이스 시대'가 본격화되면서 우주 산업 규모는 급성장하고 있다.

우리는 어떤가? 누리호 발사 등으로 신흥 우주 개발 국가로 진입하고 있는 우리나라도 우주 개발에 관한 전략이 필요하다. 한국과학기술기획평가원은 기존의 위성 및 발사체 기술 개발 중심의 우주 개발에서 경제, 안보 영역을 포함한 우주 개발로의 전환이 필요하다고 조언한다(KISTEP, 2023).

## 새로운 동반자 'AI' 시대

인간이 직접 가기 어려운 극한의 환경인 우주 공간에서, AI는 자율적 판단과 신속한 대응이 가능하다. 우주 탐사 분야에 도입된 AI는 기술적 진보를 넘어, 우주 산업 전반의 운영 방식도 변화시키고 있다.

미국 항공우주국(NASA)은 AI를 활용해 심우주 탐사선과 탐사 로봇의 자율 운항 기능을 구현하고 있다. 이 기술은 탐사 대상 행성이나 위성의 복잡한 지형을 스스로 인식하고 장애물을 피해 가며, 예상치 못한 상황에 신속하게 대응하는 능력을 갖추도록 한다. AI가 탑재된 로봇들은 인간의 원격 조종 없이도 임무를 수행하기 때문에 지구에서 멀어 통신 지연이 많은 우주 환경에서 임무 성공률을 높인다. AI 시스템을 통해 위성이나 탐사선의 이상 신호를 조기에 감지하고 자율적으로 복구하는 실험을 지속하며, 심우주 통신 지연 문제도 극복하고 있다.

탐사뿐만 아니라 다운스트림 분야인 위성 데이터 분

석에서도 AI는 핵심 도구다. 방대한 위성 영상 데이터를 AI가 자동으로 처리하고 분석해, 우주 쓰레기나 소행성 같은 궤도 물체를 신속하게 탐지하고 추적할 수 있다. 이런 분석 데이터는 재난 관리, 농업, 환경 모니터링, 국방 등 다양한 산업 분야에서 실시간 의사 결정에도 도움을 준다. 기존의 수동적 분석 방식보다 훨씬 빠르고 정확하다. 특히 생성형 AI를 활용하는 플랫폼은 자연어 명령을 통해 위성 영상을 검색하고, 분석 결과를 자동으로 보고서로 작성하는 등, 비전문가도 쉽게 우주 데이터를 활용할 수 있게 한다. 이 밖에 우주 쓰레기 문제에도 AI가 역할을 한다. 우주 파편의 궤도를 예측하고, 최소한의 에너지로 효과적으로 회피하거나 수집하는 기술 개발에 적극 활용되고 있다. 미국과 유럽우주국(ESA)은 AI 기반 항법 및 제어 기술을 도입해 우주 교통 관리를 효율화하며, 충돌 위험을 줄이고, 우주 환경을 보호하려고 한다.

위성들이 촘촘하게 연결돼 지구 어디서든 통신 서비스를 끊김 없이 이용할 수 있도록 하는 '메가 콘스텔레이션(Mega Constellation)' 시대에는 AI가 더 중요해진다. 위성의 상태를 실시간으로 감시하고, 이상 징후가 발견되면 자동으로 궤도를 수정하는 등 자율적으로 대응할 수 있기 때문이다. AI를 통한 자동화는 운영 효율성을 극대화하고, 비용을 크게 줄인다. AI의 도입은 진입 장벽을 낮추고, 새로운 비즈니스 모델과 생태계를 창출해 낸다. AI 기반 위성 데이터 분석, 우주 쓰레기 관리, 자율 탐사 서비스 등 다양한 신사업이 나오는 가운데, 스타트업과 민간 기업의 우주 산업 진출이 활발하다.

## 'AI'로 통하는 성공 전략

현재 우주 산업과 AI 기술의 융합은 혁신의 최전선에 서 있다. 우리는 어떤가? 한국형 발사체 누리호 3차 발사를 성공시켜 '우주 강국' 입지를 확고히 다졌다. 지난해 우주항공청도 문을 열면서 기대도 커졌다. 다만 실적으로까진 이어지지 못하고 있다. 고해상도 촬영 위성을 우주로 쏘아 올린 국내 기업의 지난해 항공 우주 관련 2분기 매출이 500억 원 정도로 해당 기업의 방산 분야 매출의 10%에 불과했다. 우주 산업은 막대한 개발 비용 탓에 수익으로 이어지지 못하는 경우가 적지 않다. 전문가들은 국제적으로 인공위성 등 생산 가격이 굉장히 내려가 상업화 가능성이 큰 기술에 전략적으로 투자하는 전략이 필요하다고 조언하기도 했다.

기술력을 인정받는 스타트업들도 곳곳에서 나오고 있

다. 브라질에서 엔진 비행 성능 검증용 시험 발사체 '한빛 TLV' 발사에 성공해 국내외 주목을 받았던 국내 우주 스타트업. 자체 개발한 하이브리드 로켓 엔진이 고체 엔진과 비교했을 때, 부품 수나 비용 면에서 큰 강점이 있다는 점을 인정받아 기업 상장까지 성공했다. 공모 당시 투자자들의 높은 관심을 받았다. 수요 예측 흥행에 힘입어 공모가는 43,300원으로 확정됐다. 상장 첫날, 주가는 공모가 대비 20% 정도 떨어진 3만 4천 원대까지 떨어졌고, 현재는 1만 6천 원대다. 그러나 우주 산업의 특성상 매출이 나오기 쉽지 않다 보니 시장 반응은 냉담하다. 이 기업은 한국 글로벌 소형 위성 발사 시장 진출을 본격화하겠다고 밝혔다. 로켓 보호 덮개 '페어링' 분리 실험 성공을 일반에 공개하기도 했다. 이는 페어링 분리 시험 성공 의미에 대해 계획한 일정과 중요한 기술 개발이 차질 없이 진행되고 있다는 것을 입증한 것이라고 업체 측은 설명하기도 했다. 우주 산업이 기술 혁신과 상업화라는 두 가지 도전에 직면해 있음을 보여 준다.

AI와 우주 산업의 융합은 가장 주목받는 혁신 흐름이다. 과거 로켓 발사체와 위성 개발 등 하드웨어 중심이었지만, AI와 데이터 기술 발달로 다운스트림 산업이 빠르게 커지고 있다. 국내 스타트업도 위성·항공 영상을 AI

로 분석하는 분야 등에서 선전하고 있다. 한 스타트업은 자체 개발한 초소형 위성 발사에 성공해 위성이 지구 곳곳을 돌며 수집한 정보를 받고 있다. 이 같은 데이터는 농업, 환경, 재난 모니터링 등 다양한 분야에서 활용되고 있다. AI 딥 러닝 모델을 활용해 대규모 이미지를 신속하게 분석하고, 작황 예측이나 산불 감지, 도시 변화 탐지 등 실시간 의사 결정에 도움을 준다.

우주 산업에서 바이오나 제약 쪽과의 협업도 눈에 띈다. 국내에 줄기세포를 활용해 우주 생명과학 실험을 추진하는 바이오 스타트업도 있다. 우주 환경에서는 미세중력, 방사선 등 지구와 다른 조건에서 세포와 조직의 변화가 나타나기 때문에 실험하기 더 적합하다는 것이다. 이 과정에서도 AI는 실험 데이터의 실시간 분석 등을 해낸다. 장기 우주여행, 우주 식량, 우주 의료 등 미래 우주 산업의 핵심 분야로 주목받고 있으며, AI가 이 분야의 연구 효율성과 정확성을 크게 높이고 있다. AI는 비행도 한다. 전투 상황을 학습하고 적응하며, 인간 조종사와 협동 비행까지 구현할 수 있는 수준에 이르렀다.

AI가 우주 항공 산업의 중심으로 부상한 것은 전 세계적으로도 우주 산업의 패러다임이 '데이터와 지능' 중심으로 전환되고 있다는 의미다. 자본과 인프라가 없는 스타트업계에 새로운 동력이 될 것이며, 도약을 기대해 볼 만하다.

## 참고문헌

김동현·안정훈(2025.6.25). "러, 우주에 核배치 추진… 美 AI 위성군으로 요격. 《한국경제》, https://www.chosun.com/economy/tech_it/2025/05/22/C4XNAOEGGZC2RAL7RAHWVTS5XM/

산업연구원(2022.2). 뉴스페이스 시대의 국내 우주산업 발전 방향, https://www.kiet.re.kr/Data/RP12/20220307134315872_0.pdf

유재인(2024.12.13). 산처럼 쌓이는 우주 데이터, AI가 필요한 것만 똑똑하게 선별한다. 《조선일보》, https://www.chosun.com/economy/weeklybiz/2024/12/05/G5ZKYEGZ5NF5DPPZDB3EJMMD5I/

유지한(2025.5.22). [ALC 2025] 우주 탐사 성과 높이는 AI… '새로운 임무 가능해' 《조선일보》, https://www.chosun.com/economy/tech_it/2025/05/22/C4XNAOEGGZC2RAL7RAHWVTS5XM/

한국과학기술기획평가원(KISTEP)(2023.5.12). [이슈분석 238호] 주요국의 우주정책 트렌드 변화와 시사점, https://www.kistep.re.kr/gpsIssueView.es?mid=a30101000000&list_no=48733&nPage=3

황정호(2024.1.21). 지금은 우주시대… 비상 중인 K-스타트업. KBS, https://news.kbs.co.kr/news/pc/view/view.do?ncd=7871281

황정호(2024.8.12). 매출 저조·수요 부족… 갈길 먼 '뉴 스페이스

시대'. KBS,
https://news.kbs.co.kr/news/pc/view/view.do?ncd=8033176

Hutchinson, B.(2025.6.30). Blue Origin successfully completes 13th crewed suborbital flight. *ABC News*, https://abcnews.go.com/US/blue-origin-successfully-completes-13th-crewed-suborbital-flight/story?id=123320375

Sheetz, M.(2017.10.31). The space industry will be worth nearly $3 trillion in 30 years, Bank of America predicts. *CNBC*, https://www.cnbc.com/2017/10/31/the-space-industry-will-be-worth-nearly-3-trillion-in-30-years-bank-of-america-predicts.html

**황정호**

한국방송공사(KBS) 보도본부 소속 취재기자다. 숙명여자대학교에서 국어국문학과를 졸업했다. 2012년부터 사회부, 산업부, 외교부, 서울시 등 다양한 부처와 기업 등을 출입하며 취재 경험을 쌓았다. 기술과 IT 관련 팀에서 취재하면서 AI와 접목된 다양한 분야에 흥미가 생겼다. '보이스피싱 조직에 뚫린 알뜰폰 개통 사이트'를 연속 보도했고 2024년 방송기자연합회의 제184회 이달의기자상을 수상했다. 이를 계기로 '사이버 위협: 당신은 안녕하십니까' 기획 보도를 이어 갔다. KBS1 라디오 〈전격시사〉에서 2024년 1년 정도 한 주간 핫한 뉴스를 키워드로 전해 주는 '뉴스키워드' 코너에 패널로 출연했다. 현재 '탈탈털털'이라는 IT와 보안 관련 온라인 기사도 연재 중이다.